AF453740

ŒUVRES COMPLÈTES
D'ALEXANDRE DUMAS

ITALIENS

ET

FLAMANDS

PAR

ALEXANDRE DUMAS

PREMIÈRE SÉRIE

PARIS

MICHEL LÉVY FRÈRES, LIBRAIRES ÉDITEURS

RUE VIVIENNE, 2 BIS ET BOULEVART DES ITALIENS, 15,

A La librairie nouvelle.

1862

ITALIENS

ET

FLAMANDS

INTRODUCTION

Pline regardait les commencements de la peinture comme incertains (1) ; nous n'irons donc pas, dix-sept siècles après lui, essayer de préciser ce qui lui échappait.

Du jour où l'homme a vu son image réfléchie dans l'eau, ou son ombre portée au soleil, il a dû tenter, mû par cet amour de lui-même antérieur à tous les autres amours, de fixer cette ombre éphémère ou cette image fugitive; près de Narcisse, mort d'amour, on dut trouver sur le sable quelque portrait ébauché.

(1) « De picturæ initiis incerta, nec instituti operis quœstio est. » (*Plin.*, lib. XXXV, cap. 2.)

Les Grecs s'attribuent la découverte de la peinture ; selon eux, Coré, fille de Dubitade, potier de Sicyone, ayant vu sur le mur l'ombre de son amant prêt à la quitter pour faire un long voyage, en aurait suivi les contours avec un charbon affilé ; de là la sciagraphie, ou l'art d'indiquer par de simples lignes la forme des objets.

Mais, quand la Grèce était encore au berceau, l'Inde était déjà vieille et l'Égypte adulte. Depuis trois mille ans, les brahmes adoraient dans leurs souterrains les images de leur triple dieu ; depuis douze siècles, Osymandias dormait dans sa tombe aux peintures monochromes ; enfin, vers la même époque, l'empire d'Assyrie, porté à son apogée plus de mille ans auparavant par Sémiramis, qui avait fait peindre, parmi les ornements de Babylone, sa capitale, différentes figures d'animaux, ainsi que son portrait et celui de Ninus, son mari, s'écroulait en ruine sur le bûcher de Sardanapale. La question est donc de savoir si les Grecs étaient des orgueilleux ou des ignorants, lorsqu'ils prétendaient avoir inventé les premiers un art qui leur était encore complétement inconnu lors de la guerre de

Troie (1), et dont on retrouve des traces douze cents ans avant l'époque où ils placent leur poétique fable de Coré, et trois siècles avant que les Pélasges fondent Sicyone, leur plus ancienne ville.

Cependant, si tard qu'elle arrive au compte des siècles et dans l'ordre des nations, l'école grecque, qui s'élève entre les tombeaux des Égyptiens et les catacombes des Étrusques, marche rapidement sur les traces de Memphis et de Tarquinia. A cette simple silhouette tracée par Coré, et perfectionnée par l'Égyptien Philoclès et le Corinthien Cléante, Ardices et Téléphanes ajoutent des traits intérieurs, mais avec si peu d'art encore, qu'ils sont forcés, pour les faire reconnaître même de leurs plus proches parents, d'écrire près des portraits les noms des personnes dont ils ont voulu imiter la ressemblance. Bientôt arrive Cléophante de Corinthe, qui, à ce premier pas fait dans l'art, ajoute un nouveau progrès : avec de la terre cuite, il compose des crayons rougeâtres, et exécute des dessins coloriés. Hygiémon et Dinias inventent alors presque en même

(1) Nous verrons plus tard où l'art de la sculpture en était à cette époque.

temps la peinture monochrome ou d'une seule couleur; Eumare d'Athènes profite de leur découverte et donne assez de fini aux figures pour qu'on puisse, à la seule inspection du visage, deviner le sexe de la personne à laquelle il appartient; puis vient Cimon le Cléonien, imitateur et propagateur des inventions d'Eumare, qui donne aux têtes différentes attitudes, selon que le personnage est censé regarder à droite ou à gauche, devant ou derrière lui, marque les articulations des membres, indique les veines et rend le premier les plis et les sinuosités de leurs vêtements; enfin arrive Polygnote de Thasos, qui donne aux habits des femmes des reflets lumineux, leur met sur la tête des coiffures de différentes couleurs, et leur entr'ouvre la bouche, afin que derrière leurs lèvres rosées brille l'émail de leurs dents. Alors l'art grec en est arrivé au point où, dix-neuf siècles plus tard, Masaccio reprendra l'art chrétien des mains de Cimabué et du Giotto. Masaccio ouvre le siècle de Léonard de Vinci, de Titien et de Raphaël. Bularque va ouvrir celui de Zeuxis, d'Apelles et de Protogène.

Bularque vivait sept cent cinquante ans, à peu près,

avant le Christ, puisque Candaule, le dernier des Héraclides, qui mourut deux ans avant la vingtième olympiade, acheta, pour un poids d'or égal à celui de la table de bois sur laquelle il était peint, son tableau du *Combat des Magnètes* ; Bularque était contemporain de Romulus et de Nabonassar ; il vit s'élever l'empire de Rome et tomber le royaume d'Israël, sans que probablement ni les vagissements de l'un, ni les derniers soupirs de l'autre eussent eu assez de retentissement en Grèce pour lui faire lever les yeux de dessus ses tableaux.

L'art marchait à pas rapides ; la peinture polychrome, ou à plusieurs couleurs, était inventée, sans que nous puissions dire positivement vers quelle époque ni par qui ; c'est qu'alors, l'attention de la Grèce avait à se fixer sur des événements d'une telle importance, que la lumière qu'ils absorbent doit laisser dans l'ombre tous les faits secondaires.

En effet, Codrus vient de mourir ; Athènes s'érige en république ; aux lois sanglantes de Dracon, Solon substitue les siennes ; Sparte et Messène se sont reprises à lutter pour la troisième fois comme Hercule et

Antée; les différentes sectes philosophiques se forment; les sept sages de la Grèce ouvrent ces écoles d'où sortiront Anaxagore, Platon, Aristote, Socrate et Épicure ; Darius s'empare de la Thrace et de la Macédoine, et envoie deux hérauts et un interprète demander à Sparte et à Athènes la terre et l'eau, signes de la soumission à son pouvoir. Les Spartiates, pour toute réponse, enterrent l'un et noient l'autre, tandis que les Athéniens mettent à mort l'interprète qui a souillé la langue ionique d'une pareille proposition. Darius envoie cent dix mille hommes contre la Grèce, et Miltiade les attend à Marathon pour y cueillir ces lauriers qui empêcheront Thémistocle de dormir.

Xerxès part à son tour; le fils veut venger le père ; pendant sept ans, il fait des préparatifs immenses; ce n'est plus une armée qu'il emmène, c'est une nation qui le suit ; douze cents vaisseaux partent du cap Sigée et vont percer le mont Athos; avec le reste de ses troupes, qui ont mis sept jours et sept nuits à passer l'Hellespont sur un pont de bateaux, il remonte la Chersonèse de Thrace, côtoie les rivages de la Macédoine, du mont Pangée au mont Olympe, traverse la Thessalie, laisse vingt mille hommes aux Thermopyles, déborde dans la Phocide et dans la Béotie, inonde l'Attique, entre dans Athènes qu'il trouve vide, poursuit les Athéniens à Salamine, se fait dresser un trône sur le rivage, et donne le signal du combat, qui dure toute la journée ; et, à la fin de la journée, Thémistocle peut dormir tranquille, il n'a plus rien à envier à Miltiade ; Salamine a fait le pendant de Marathon.

Xerxès se sauve, laissant Mardonius réunir les débris de son armée, qui se montent à trois cent cinquante mille hommes ; mais, tandis que le roi fugitif traverse sur une barque cet Hellespont qu'il a fait battre de verges, Pausanias tue son lieutenant à Platée le même jour que Léontychidas détruit sa flotte à Mycale. Toute cette multitude menaçante s'est évanouie comme la poussière que disperse un tourbillon. La Grèce respire, et l'art, cette fleur de la paix, se redresse et sourit aux premiers rayons du soleil, qu'avaient obscurci les traits des Perses.

Panénus, le frère de Phidias, assistait à cette grande épopée ; en lui le génie de la peinture fit alliance avec l'amour de la patrie ; il peignit la *Bataille de Ma-*

rathon, et déjà, dit Pline, la couleur était si familière aux peintres, et l'art marchait à si grands pas vers sa perfection, qu'il représenta dans son tableau les capitaines athéniens, Miltiade, Callimaque et Cynégire, et les deux chefs des barbares, Datis et Artapherne.

Et cependant Panénus n'en fut pas moins vaincu aux jeux pythiens par Timagoras de Chalcis, qui, laissant un instant le pinceau pour la lyre, chanta lui-même sa victoire.

A Panénus et à Timagoras de Chalcis succédèrent Apollodore, maître de Zeuxis, et Évenor, père de Parrhasius ; l'élève effaça le maître, et le fils le père ; et Apollodore se plaint lui-même, dans des vers qui existaient encore du temps de Pline, que Zeuxis lui ait enlevé la palme de son art.

En effet, Parrhasius et Zeuxis sont les deux astres du beau siècle de Périclès ; tous les autres peintres qui brillent autour d'eux ne brillent qu'après eux ; Timanthe, Eupompe et Androcydes ne sont que leurs satellites.

Selon toutes les probabilités, Parrhasius avait quelques années de plus que Zeuxis : si avancée que fût

déjà la peinture, il lui avait fait faire encore de nouveaux progrès, en s'occupant de la symétrie, en jetant
des finesses dans le visage, en disposant gracieusement
les chevelures, en donnant de la vie aux lèvres, et en
dessinant avec plus de soin qu'on n'avait fait jusqu'à lui
les pieds et les mains ; de sorte que les formes mou-
vantes atteignirent sous son pinceau une perfection que
nul ne dépassa depuis. Il en résulta que longtemps ses
tablettes et ses portefeuilles servirent de modèles, et
qu'au dire d'Antigone et de Xénocrate, les Vasari et les
Lanzi de l'époque, beaucoup qui vinrent après ce Michel-Ange antique, ne se firent pas faute de prendre
dans ses cartons des figures tout entières qu'ils placè-
rent dans leurs tableaux.

Parmi les nombreuses compositions de Parrhasius,
on remarquait un *Thésée* qui, du temps de Caligula,
était encore au Capitole ; un *Chef de flotte*, qui était à
Rhodes ; un *Méléagre*, un *Hercule* et un *Persée*, tableau
trois fois frappé de la foudre et, par conséquent, trois
fois saint ; un *Grand Prêtre de Cybèle* et une *Atalante
amoureuse* qu'acheta Tibère, et qu'il fit mettre, l'un
dans sa chambre à coucher, et l'autre dans son alcôve

même ; un *Bacchus,* si merveilleux, qu'il donna naissance au proverbe corinthien : « Qu'est-ce que cela auprès de *Bacchus ?* » un *Coureur* tout armé, courant dans une lice, et sur le corps duquel il semblait voir couler la sueur, et un autre *Hoplititès,* qui, arrivé au but, dépose tout haletant ses armes. Mais ce qu'il fit de plus ingénieux, l'œuvre pour laquelle il lui fallut à la fois la pensée la plus profonde et l'esprit le plus délié, c'est le peuple d'Athènes, si varié et cependant si unique, si inconstant, si injuste, si colère, et à la fois si exorable et si compatissant ; le peuple d'Athènes, si glorieux et si humble, si férocement intrépide et si timidement fuyard ; le peuple d'Athènes enfin personnifié par un homme à qui il aurait fallu trois têtes comme au géant Géryon, et sur la figure duquel cependant il trouva moyen de peindre toutes ces expressions si variées et si contraires, qu'avant de voir ce miracle de l'art on eût pu croire que l'une excluait l'autre, et que, par conséquent, la chose était impossible.

Aussi de tels succès avaient-ils rendu Parrhasius presque insensé : il s'intitulait le prince des peintres et le roi de l'art ; il se disait descendant d'Apollon, et affirmait qu'à l'époque où il peignait son *Hercule de Lindos*, le fils de Jupiter et d'Alcmène lni apparaissait en songe, ne jugeant pas indigne de lui de venir poser devant un pareil maître.

Zeuxis, de son côté, n'était pas moins orgueilleux ; il faisait broder son nom en or sur ses manteaux ; il donnait son *Alcmène* aux Agrigentins, et son *Dicu Pan* au roi Achélaüs (1), disant qu'aucun homme ne pouvait payer de pareils ouvrages. C'est de lui le magnifique *Jupiter* assis sur son trône et entouré des dieux, qui se tiennent debout ; l'*Hercule au berceau* , qui étouffe deux serpents en présence d'Amphitryon et de sa mère, ainsi que la fameuse *Junon Lacinienne,* dédiée au temple de cette déesse par les Agrigentins, qui consentirent, avant qu'il commençât ce tableau, à faire passer devant lui leurs filles nues, parmi lesquelles le peintre choisit cinq des plus belles, qui posèrent devant lui, tantôt ensemble, tantôt séparément, afin qu'en extrayant de chacune la beauté qui lui était propre, il pût, en réunissant toutes ces beautés en une

(1) Roi de Macédoine, prédécesseur d'Alexandre le Grand, auquel il est antérieur de soixante à soixante et dix ans.

seule, arriver aussi près que possible de la perfection.

Deux pareils rivaux devaient entrer en lutte ; car les hommages de la moitié de la Grèce ne suffisaient pas à chacun d'eux, et il fallait qu'il y eût un vainqueur. Zeuxis peignit des grappes de raisin si arrondies, si veloutées, si franchement détachées de leur treille, que les oiseaux vinrent les becqueter. Parrhasius voulut produire sur les hommes la même illusion que son antagoniste avait produite sur les animaux : il prit une grande toile sur laquelle il peignit un rideau avec tant de vérité, que Zeuxis, tout glorieux du succès de ses grappes, s'approcha pour soulever ce rideau, qu'il croyait lui cacher l'œuvre de son rival, et que ce ne fut qu'en touchant la toile qu'il s'aperçut de la tromperie. Zeuxis était plus franc que les modernes : il s'avoua vaincu.

Nous avons rapporté cette anecdote si connue, parce que, dix-huit siècles plus tard, nous verrons les mêmes jeux se renouveler entre Michel-Ange et Raphaël.

Après les maîtres de l'art, Timanthe fut le prémier parmi les autres peintres ; ne pouvant pas s'élever à leur hauteur d'exécution, il se réfugia dans l'ingénieux :

c'était de lui, le *Héros* que l'on voyait encore à Rome du temps de Vespasien, dans le temple de la Paix, que cet empereur avait fait bâtir en même temps que le Colisée, c'est-à-dire soixante et dix à soixante et quinze ans après le Christ; c'était de lui, le tableau qui représentait *Polyphème endormi,* et dans lequel il avait placé, pour faire comprendre que son personnage principal était un géant, de petits satyres qui mesuraient avec un thyrse le pouce du cyclope; enfin c'était de lui, cette *Iphigénie,* chef-d'œuvre de sentiment, où, après avoir, comme le dit Valère Maxime, représenté Ulysse abattu, Calchas sombre, Ajax furieux, et Ménélas pleurant, il jeta un voile sur la tête d'Agamemnon, avouant en homme de génie que l'art était impuissant pour rendre l'expression du visage d'un père sur le point de voir égorger sa fille.

Eupompe venait après lui : son ouvrage le plus connu est son *Vainqueur gymnique,* tenant une palme à la main ; sans doute, il fit encore d'autres tableaux loués par les contemporains, mais oubliés par la postérité, car ce fut de lui que data un troisième style ; jusque-là, il n'existait que deux écoles : l'école athénienne et l'école ionique. Eupompe créa le style sicyonien.

Quant à Androcydes, on sait peu de chose de lui, sinon qu'il excellait à peindre les différents animaux, et surtout les poissons.

Pamphile sortit des ateliers d'Eupompe. Il était d'Amphipolis, petite ville située aux confins de la Macédoine et de la Thrace. C'était non-seulement un peintre, mais encore un savant, et il fit faire un nouveau pas à l'art en appliquant l'arithmétique et la géométrie à la peinture. On ne connaissait de lui, même du temps de Pline, que quatre tableaux : le premier, qui représentait l'*Intérieur d'une famille* ; le second, un *Combat donné devant la ville de Plius*, place forte de l'Achaïe ; le troisième, une *Victoire des Athéniens*, et le quatrième, un *Ulysse dans son vaisseau*. Ce fut lui, tant l'art sous sa direction devint noble et grand, qui fit rendre cette loi, que tous les enfants de condition libre, sans exception, seraient tenus d'apprendre le dessin, tandis que, par la même loi, il était interdit de l'enseigner aux esclaves ; quant à lui, il ne prit aucun écolier qui ne s'engageât à rester dix ans chez lui, et à lui payer pour les dix ans d'études un talent attique, c'est-à-dire à peu près deux mille quatre cents francs

de notre monnaie. C'est à cette double condition qu'A-
pelles devint son élève.

Apelles parut, comme le Corrége, après les grands
maîtres, qui croyaient avoir tout pris. Mais, comme le
Corrége, il s'aperçut qu'il lui restait la grâce, oubliée
par eux, peut-être parce qu'ils la regardaient plutôt
comme une fille de la terre que comme un enfant du
ciel.

Apelles était de Cos ; il naquit sous ce beau ciel à la
lumière duquel, six cents ans auparavant, Homère
avait ouvert les yeux. Sa patrie, ainsi que la Vénus
qu'il devait peindre, sortait du sein des eaux pareille à
une corbeille de fleurs. Dès son enfance, le beau avait
frappé ses regards ; il s'y était habitué comme à une
chose familière : aussi, aux premiers essais de ses pinceaux, l'école attique reconnut-elle qu'elle allait posséder le plus grand de ses maîtres passés et à venir.

Apelles vit la fin du siècle de Périclès et le commencement du siècle d'Alexandre, c'est-à-dire tout ce qu'il
y a eu de plus grand peut-être dans le monde. Ses contemporains étaient Protogène, sur lequel, disait-il, il
n'avait qu'une supériorité, c'était celle de savoir ôter à

temps la main de dessus ses tableaux ; Amphion et As-
clépiodore, auxquels il se reconnaissait inférieur, au
premier pour l'ordonnance, et au second pour les me-
sures ; enfin, Aristide de Thèbes, par l'étude duquel
il apprit à peindre l'homme moral, c'est-à-dire à ne
faire du corps qu'une enveloppe diaphane, à travers
laquelle on aperçoit l'âme et ses passions.

Apelles est le point culminant de l'art grec : en lui
tout est réuni, sentiment, exécution, ordonnance. Ses
portraits traduisent si exactement la ressemblance des
personnes qu'ils représentent, qu'un devin prédit ce
qui arrivera à ces personnes comme s'il étudiait leurs
destinées sur elles-mêmes : si les raisins de Zeuxis
trompent les oiseaux, ses chevaux, à lui, font hennir
les cavales. Enfin, chez lui, comme chez Homère,
Diane se mêle à la troupe dansante des jeunes filles
qui célèbrent un sacrifice en son honneur, et il rend,
à l'aide du pinceau, si heureusement la description du
poëte, que le poëte est vaincu.

Parmi les priviléges ordinaires du génie, Apelles
avait celui de beaucoup produire : il est vrai de dire
qu'il ne passait pas un jour sans travailler, sinon à ses

tableaux, du moins, à des esquisses ou à des dessins. Aussi ce qu'il a fait est innombrable. Ceux de ses tableaux qui étaient les plus connus sont : la *Pompe sacrée de Mégabyse, pontife de Diane à Éphèse ; Clytus se préparant au combat, et prenant son casque des mains de son écuyer ; l'Homme efféminé*, qui appartenait aux Samiens, lesquels le gardaient comme un trésor ; son *Ménandre, roi de Carie,* qui était la propriété des Rhodiens. Ses chefs-d'œuvre étaient dispersés par toute la terre. Alexandrie avait son *Gorgosthènes le tragédien.* Éphèse avait son *Alexandre le Grand tenant la foudre,* qui avait été payé vingt talents attiques, non point que l'auteur eût fixé un prix à ce tableau, mais parce que, lorsqu'il s'agit de l'estimer, on le couvrit de pièces d'or, et que toutes ces pièces réunies firent ensemble quarante-huit mille francs de notre monnaie (1). Enfin Rome avait ses *Dioscures,* sa *Victoire* et son *Alexandre le Grand,* sa *Bellone enchaînée au char du roi de Macédoine.* Si bien que, du temps de Néron, on

(1) C'est ce tableau qui lui faisait dire orgueilleusement qu'il y avait au monde deux Alexandre : l'un invincible, qui était fils de Philippe ; et l'autre inimitable, qui était fils d'Apelles.

voyait encore ces deux tableaux dans la partie la plus fréquentée du forum d'Auguste; seulement, à la tête du vainqueur de Darius, Claude avait fait substituer celle du vainqueur d'Antoine.

Outre ces tableaux, on connaissait encore d'Apelles un portrait du roi Antigone, qu'il avait peint de profil parce qu'il était borgne; un *Néoptolème combattant à cheval contre les Perses*; *Achélaüs, en compagnie de sa femme et de sa fille*; un *Hercule* vu de dos et retournant la tête, dont le visage, quoique inachevé, on ignorait pour quelle cause, était aussi expressif que s'il eût été exécuté avec le fini le plus précieux; enfin son chef-d'œuvre, la *Vénus Anadyomène*, qui fut dédiée par Auguste au temple de son père César, mais qui, endommagée par l'humidité, s'écailla et tomba par morceaux, si bien que Néron, quelque temps après qu'il fut monté sur le trône, se trouva forcé de lui en substituer une autre de la main de Dorothée.

Comme s'il eût deviné le sort qui attendait ce tableau, Apelles était à Cos, sa patrie, occupé à peindre une seconde *Vénus*, qui, d'après son opinion, devait encore être supérieure à la première, lorsque la mort le surprit. La tête et la poitrine seulement étaient finies, le reste n'était qu'ébauché ; mais ce qui en existait fut unanimement reconnu si merveilleux, qu'aucun peintre n'osa accepter la tâche d'achever le chef-d'œuvre interrompu.

Comme Zeuxis, Apelles eut son Parrhasius et son Timanthe : l'un se nommait Protogène et était de Caunus ; l'autre se nommait Aristide et était de Thèbes.

Protogène était resté longtemps pauvre et dans l'obscurité ; car, toujours mécontent de ce qu'il avait fait, il le retouchait sans cesse, et il était arrivé à l'âge de cinquante ans, assure-t-on, qu'on ne connaissait encore de lui que ses peintures navales du Propyléon. Mais enfin parut le *Jalistus*, dont parlent Cicéron, Pline et Strabon, et qui, de leur temps, était, à Rome, dédié au temple de la Paix. Jalistus était le fondateur de Rhodes, comme Cadmus de Thébes, et Thésée d'Athènes, et le peintre avait choisi le moment où il reçoit de la ville, sa fille, la palme due aux bienfaiteurs des peuples.

Rhodes seule possédait ce tableau, mais la Grèce tout entière le connaissait : si bien que le roi Démétrius Poliorcète, étant venu assiéger la ville, n'osa y mettre le feu de peur de brûler ce chef-d'œuvre, et, pour épargner une peinture, se retrancha une victoire.

Ce ne fut pas le seul hommage que Démétrius rendit à Protogène : comme l'atelier du peintre était dans un des jardins du faubourg de Rhodes, c'est-à-dire au milieu du camp même des assiégeants, le roi apprit que Protogène, qui alors travaillait à un tableau représentant un *Satyre amoureux et jouant de la double flûte,* n'avait point interrompu son ouvrage, malgré le tumulte du siége. Il le fit venir aussitôt, et lui demanda d'où lui venait une pareille tranquillité. Alors Protogène répondit qu'il savait bien que Démétrius faisait la guerre aux Rhodiens, mais non aux arts. La réponse plut au roi, et, pour que Protogène pût continuer de travailler avec tranquillité, il mit des sentinelles à sa porte, et de temps en temps l'envoyait chercher pour causer avec lui ; mais, voyant que de cette façon il lui faisait perdre trop de temps, il finit par aller le visiter lui-même entre deux assauts. Cette circonstance, comme on le pense bien, ne contribua point médiocrement à la réputation de ce tableau.

Protogène fit encore une *Cydippe;* un *Néoptolème;*
Philisque, l'auteur tragique, méditant ; un *Athlète; le*
Roi Antigone, père de ce même Démétrius Poliorcète
dont il était devenu l'ami ; et enfin *la Mère du philo-*
sophe Aristote, qui lui persuada d'entreprendre une
série de tableaux représentant les actions principales
d'Alexandre le Grand.

Ce dernier tableau porta la renommée de Protogène
à un si haut degré, qu'Apelles, qui ne le connaissait
que de réputation, résolut d'aller lui faire une visite à
Rhodes, qu'il habitait. Nous avons déjà dit quelle était
l'opinion du peintre de Cos sur celui de Caunus, et ces
éternelles retouches, dont l'accusait Apelles, étaient
d'autant plus inutiles, qu'Apelles seul avait peut-être
la main plus sûre que Protogène.

Apelles débarqua à Rhodes et se rendit droit à l'atelier de Protogène. Ce peintre était absent ; une vieille
était seule préposée à la garde d'une tablette immense
destinée à un tableau, et sur laquelle il n'y avait encore rien de peint. La vieille, interrogée, répondit que
Protogène était absent, et demanda ce qu'il y aurait à lui dire à son retour : Apelles, pour toute ré-

ponse, prit un pinceau, le trempa dans la couleur, et traça sur toute la longueur de la tablette un trait d'une. telle hardiessse et d'une telle ténuité, qu'on eût dit qu'il avait été tiré avec un crayon et à l'aide d'une règle. Puis il dit à la vieille :

— Quand Protogène rentrera, vous lui montrerez ce trait, et voilà tout.

Mais, lorsque Protogène rentra, avant même que la vieille eût ouvert la bouche, il s'écria :

— Apelles est venu.

Alors il prit le même pinceau ; il conduisit sur le trait déjà tracé un linéament d'une autre couleur, mais si subtil, que la couleur primitive le débordait de chaque côté ; puis il dit à la vieille que, si l'étranger revenait, elle n'avait qu'à lui montrer la tablette, et à lui dire :

— Voilà ce que vous cherchez.

Apelles ne manqua point de revenir, et la vieille, obéissante, s'acquitta de sa commission ; mais, pour être repoussé, Apelles n'était point vaincu : il reprit le pinceau, et, le trempant dans une troisième couleur, il traça un troisième trait qui tranchait par le milieu les deux autres lignes, ne laissant plus d'espace intermédiaire où tracer un quatrième linéament, si subtil qu'on le supposât. En voyant cette miraculeuse fermeté de pinceau, Protogène s'avoua vaincu, et, cessant la lutte, courut sur le port chercher son rival.

Dès lors Protogène ne voulut rien peindre sur cette tablette, qu'avait deux fois sanctifiée Apelles, et le tableau, blanc à l'exception des lignes tracées, resta ainsi, objet d'étonnement pour les curieux et presque d'incrédulité pour les artistes. Si bien qu'on le vit à Rome, dans la maison qu'Auguste possédait au Palatin, parmi les plus beaux tableaux de l'école grecque, jusqu'au moment où cette maison fut consumée par un incendie ; la maison fut rebâtie moyennant une contribution volontaire d'un denier par personne, tant Auguste était populaire à cette époque ; mais les chefs-d'œuvre qui la décoraient, et parmi lesquels étaient l'*Apollon des Sandales* (1) et le *Jupiter tragédien*, furent à tout jamais perdus.

C'est ainsi qu'on peut voir aujourd'hui encore dans

(1) Ainsi nommé parce qu'il avait été d'abord placé dans le quartier de Rome appelé les *Sandaliarii.*

la Farnésine, au milieu des gracieuses compositions de Raphaël, la tête colossale du Jupiter Olympien, charbonnée par Michel-Ange.

Le second rival d'Apelles était Aristide, duquel il prit, comme nous l'avons dit, l'expression des grandes passions. En effet, Aristide, auquel, selon Pline, on reprochait un peu trop de dureté dans les couleurs, s'était appliqué surtout à rendre les perturbations de l'âme dans les crises suprêmes. Aussi son plus beau tableau était celui qui représentait une ville prise d'assaut, et qui avait pour sujet une mère blessée et mourante vers laquelle son enfant se traînait. Mais, comme c'était au sein même que la mère avait été frappée, le peintre avait exprimé sur son visage la crainte que son enfant ne suçât son sang au lieu de son lait. Après la prise de Thèbes, ce tableau fut transporté par Alexandre le Grand à Pella, sa patrie.

Outre ce tableau, Aristide peignit encore des *Quadriges en course;* un *Suppliant* dont on croyait entendre la plainte; un *Bacchus* et une *Ariane,* dans lesquels on distinguait l'ivresse du dieu et l'ivresse de la femme; une *Biblis,* morte d'amour pour son frère

Caunus, au moment même où elle venait d'expirer ; un *Tragédien accompagné d'un jeune garçon,* qui resta suspendu au temple d'Apollon jusqu'à ce que le préteur Marcus Junius, vers l'époque des jeux Apollinaires, qui, selon Macrobe, se célébraient tous les ans à Rome au mois de juillet, l'ayant donné à restaurer à un peintre, ce peintre le gâta, soit par maladresse, soit par jalousie; un *Vieillard qui montre à un enfant à jouer de la flûte,* dédié au temple de la Foi, que les vieux Romains avaient bâti sur le Capitole, à côté de celui de Jupiter très-bon et très-grand, afin de faire comprendre que celui qui manquait à sa parole manquait aux dieux; enfin une *Bataille,* dans laquelle il y avait plus de cent figures, et qui lui fut payée par Mnazon, tyran d'Élatée, mille drachmes par figure; et une peinture représentant un *Malade,* que le roi Attale paya cent talents, c'est-à-dire deux cent quarante mille francs de notre monnaie.

Et cependant Apelles dépassa tout cela. Les rois se disputaient ses ouvrages, et peut-être plus d'une fois, comme fit Charles V pour le Titien, Alexandre le Grand ramassa-t-il son pinceau ; car Alexandre était non-seulement, le protecteur, mais encore l'ami d'Apelles, et il fallait que cela fût pour que celui-là qui avait tué Clytus, dans un moment de colère, donnât Campaspe à Apelles, dans un moment de pitié.

Aussi est-ce à Apelles que s'arrête la période ascendante de l'art grec. Zeuxis avait déjà trouvé le grand, Apelles chercha le beau. Après ces deux maîtres, qui vécurent à soixante ans de distance à peu près, les autres peintres, n'ayant plus rien à inventer, imitèrent, et la décadence commença avec l'imitation.

Et puis aussi, faut-il le dire? cet état florissant de l'art, qui alla sans cesse grandissant du siècle de Périclès au siècle d'Alexandre, fut peut-être dû, car les choses s'enchaînent entre elles, à l'état florissant de la politique.

En effet, comme nous l'avons dit plus haut, ce flot de barbares qui, à la suite de Xerxès, était venu inonder la Grèce de Troie à Salamine, avait été refoulé par Thémistocle, Pausanias et Cimon, et avait laissé, en se retirant, la capitale de l'Attique presque détruite ; mais, après les généraux qui avaient fait la Grèce libre, vint l'homme l'État qui devait faire Athènes grande ; et

Périclès devait semer les chefs-d'œuvre sur cette terre engraissée par le sang de l'ennemi.

Les Grecs, pour avoir sans cesse devant les yeux le danger auquel ils avaient échappé, et pour que ce danger entretînt le patriotisme dans la jeunesse, avaient décidé qu'on ne relèverait ni les temples abattus, ni les maisons brûlées; mais, après trente-cinq ou quarante ans, ces ruines commencèrent à fatiguer leurs yeux, et Périclès, comme Néron, vit moyen de faire sortir de la ville détruite une ville plus belle.

Alors Athènes fut le rendez-vous de tous les artistes; on vit s'élever à la fois des temples, des théâtres, des aqueducs et des ports : Phidias, l'auteur du *Jupiter Olympien;* Praxitèle, l'auteur de la *Vénus de Gnide;* Scophas, l'auteur de l'*Apollon Palatin*, luttèrent ensemble, et taillèrent les temples que devaient peindre Zeuxis, Parrhasius et Timanthe.

Il y eut bien au milieu de tout cela la guerre du Péloponèse entre Sparte et Athènes, qui dura vingt-sept ans, je crois, et dont Thucydide nous a laissé l'histoire; mais, comme le dit Winkelmann, ces guerres entre villes du même pays, entre peuples voisins, entre hommes parlant la même langue et adorant les mêmes dieux, ressemblaient plutôt à des querelles d'amants, qui ouvrent l'esprit et qui engagent le cœur, qu'à ces luttes mortelles dont la Grèce était sortie victorieuse mais sanglante. En effet, Athènes et Sparte luttaient non-seulement avec l'épée, mais encore avec le maillet et le pinceau : comme aux temps plus rapprochés de nous où les républiques de l'Italie rivalisaient entre elles de grandes actions et de grands monuments, Sparte et Athènes déployaient toutes leurs ressources pour faire pencher la balance chacune de son côté, et, tandis qu'Athènes élevait son Parthénon, son Odéon et son Céramique, Sparte achevait, avec les dépouilles de Salamine, son portique des Perses, où, mêlées aux statues des libérateurs de la patrie, étaient sculptées les images des généraux barbares qu'ils avaient vaincus.

Puis, pendant tout le temps que dura cette guerre, et Diodore de Sicile prend soin de nous le dire, pas un instant les artistes ne perdirent de vue le grand jour où leurs ouvrages, exposés aux yeux de toute la Grèce, étaient soumis au jugement de leurs contemporains : ces jours étaient ceux des jeux olympiques, qui reve-

naient tous les cinquante mois, et ceux des jeux isthmiques, qui revenaient tous les trois ans. Alors, d'une
convention unanime, du cap Ténare au mont Pangée,
de Céphalonie à Chios, toutes les hostilités cessaient ;
on déposait les armes sanglantes pour revêtir les habits de fête. De toutes les parties de la Grèce, on s'a-
cheminait joyeusement vers Élis ou vers Corinthe, et,
pour que nul ne fût privé d'un spectacle si attendu et
si désiré, pendant ce grand jour il y avait trêve même
pour les bannis : ainsi confondus dans cette grande
fête artistique, les Grecs, de tous les partis et de toutes
les nations, oubliaient un instant les malheurs passés
et les maux à venir, pour ne penser qu'à la splendeur
que le concours de tant de grands hommes allait répandre sur la patrie.

Aussi les grands hommes, exacts au rendez-vous
donné, parurent-ils presque tous à la fois. Vers la
soixante et quinzième olympiade, le philosophe Phéré-
cide commença d'écrire en prose ; vers la soixante et
dix-septième olympiade, Hérodote, quittant la Carie,
vint lire en Élide son Histoire aux Grecs assemblés ;
vers le même temps, Eschyle, reposé de la bataille de

Salamine, donnait la première tragédie régulière qui eût été faite depuis la soixante et unième olympiade, époque où l'art dramatique avait été inventé; Épicharme, poëte et philosophe, faisait jouer les premières comédies, et Simonide, excité par les vers d'Homère, qu'avait, dans la soixante-neuvième olympiade, commencé de chanter le rapsode Cynœthus de Syracuse, achetait par ses poëmes et ses élégies cette protection de Castor et de Pollux qui lui valut le surnom d'*Aimé des dieux*. Alors tout marchait à la perfection qui est le but de tout. Dans la bouche de Gorgias, l'éloquence, qui, jusque-là, n'avait été qu'un instinct, devenait une science; Athénagoras ouvrait son école et donnait des leçons publiques de philosophie à Athènes; Pindare et Corinne se disputaient le prix de la poésie, qu'enlevait cinq fois Corinne; Sophocle succédait à Eschyle, et Euripide à Sophocle. Lorsque éclata la guerre du Péloponèse, Socrate avait déjà quarante ans, Hippocrate en avait trente, Aristophane en avait quinze, Antisthène était né, et Platon était sur le point de naître.

Enfin, quatre cent trente et un ans avant le Christ, cinquante ans après l'expédition de Xerxès, l'année même où Phidias achevait sa statue de *Pallas*, la guerre fut déclarée entre Sparte et Athènes ; et telle était la richesse de cette dernière ville, que, lors de son alliance avec Thèbes contre Lacédémone, on leva sur elle et sur son territoire une contribution de cinq mille sept cents talents attiques, c'est-à-dire de treize millions huit cent mille francs de notre monnaie.

Ce fut la première année de cette guerre qu'eut lieu, sur le théâtre d'Athènes, le combat d'Euripide, de Sophocle et d'Euphorion, qui avaient, chacun, fait une tragédie de *Médée*. Euripide l'emporta sur ses rivaux. Et, au dire de Plutarque, l'amour des Athéniens pour les jeux scéniques était tel, que les représentations successives des *Bacchantes*, de *Phœnice*, d'*OEdipe*, d'*Antigone* et d'*Électre*, leur coûtèrent plus cher que ne leur avait coûté la guerre contre les Perses. Trois ans après la représentation de *Médée*, Eupolis donna ses comédies. Dans la quatre-vingt-septième olympiade, Aristophane fit jouer ses *Guêpes*, et, pendant l'olympiade suivante, on représenta *les Nuées* et *les Acharniens*. Ces représentations portèrent le goût des Athéniens pour ces spectacles à une telle rage, que, vers la fin de la guerre du Péloponèse, c'est-à-dire au moment où Athènes était ruinée, il fut fait une distribution d'argent d'un drachme par tête, pour que les citoyens qui n'avaient pas de quoi manger pussent tromper leur faim en assistant aux représentations théâtrales.

Et tout marchait du même pas. Phidias faisait son *Jupiter Olympien;* Polyclète, sa statue de *Junon d'Argos;* Scophas, sa *Niobé* (1); Ctésilaüs, son *Héraut mourant,* chez lequel, au dire de Pline, on pouvait voir ce qui lui restait d'âme dans le corps; et Myron, ses *Bœufs* magnifiques, que l'empereur Auguste avait fait ranger autour de l'autel placé dans l'avant-cour du temple d'Apollon bâti sur le mont Palatin.

Après vingt-sept ans, la guerre du Péloponèse avait cessé, mais pour faire place à celle entre Thèbes et Lacédémone, dans laquelle Athènes, délivrée de ses tyrans par Trasybule, fut l'alliée de Sparte; enfin, vers la cent quatrième olympiade, c'est-à-dire trois cent soixante-trois ans environ avant le Christ, les batailles

---

(1) Une épigramme grecque attribue la *Niobé* à Praxitèle; mais Pline dit positivement qu'elle est de Scophas.

de Leuctres et de Mantinée amenèrent cette glorieuse paix ensanglantée par la mort d'Épaminondas.

C'était l'époque où florissaient Parrhasius, Zeuxis, Pamphile et Timanthe. Nous avons dit quels étaient ces grands hommes, nous avons énuméré les chefs-d'œuvre qu'ils avaient produits ; ils s'éteignaient au moment où la Macédoine, restée jusqu'alors dans l'obscurité, commençait à s'élever par le génie de Philippe, et quelques-uns d'eux virent encore peut-être, avant de fermer les yeux, ce fol incendie du temple de Diane qui éclaira la naissance d'Alexandre.

Apelles était né à cette époque. Comment le roi de l'art fit alliance avec le roi de la guerre, comment le grand homme devint l'ami du héros, on l'ignore ; seulement, ce qu'on sait, c'est qu'Alexandre visitait familièrement Apelles, puisqu'un jour qu'Alexandre parlait de peinture dans son atelier, et raisonnait à tort et à travers sur cet art, Apelles lui conseilla, en souriant, de se taire, attendu que les petits garçons qui broyaient les couleurs dans un coin riaient de l'entendre parler ainsi ; observation qui n'empêcha point Alexandre de lui donner Campaspe, la plus belle de ses maîtresses, qui lui avait servi de modèle pour sa *Vénus Anadyo-mène*, et de rendre une loi qui conférait au seul Apelles le droit de le peindre.

Enfin, trois cent trente-trois ans avant le Christ, comme Darius Codoman, continuant l'œuvre de ses prédécesseurs, qui, depuis cent cinquante ans, tenaient en servitude la Grèce d'Asie et attaquaient la Grèce d'Europe, tantôt avec des millions d'hommes, tantôt avec l'or et l'intrigue, rêvait une troisième invasion, Alexandre, après avoir détruit Thèbes à l'exception de la seule maison de Pindare, lève trente mille hommes d'infanterie et quatre mille cinq cents cavaliers, rassemble une flotte de cent soixante galères, se munit de soixante et dix talents, prend des vivres pour quarante jours, dit adieu à Apelles, part de Pella sa patrie, longe les côtes d'Amphipolis, passe le Strymon, franchit l'Eubée, arrive en vingt jours à Sestos, débarque sans opposition sur le rivage de l'Asie Mineure, visite le royaume de Priam, couronne de fleurs le tombeau d'Achille, son aïeul maternel; traverse le Granique, bat les satrapes, tue Mithridate, soumet la Mysie et la Lydie, prend Sardes, Milet, Halicarnasse; s'empare de la Galatie, traverse la Cappadoce, subjugue la Cilicie, rencontre dans les plaines d'Issus les Perses, qu'il chasse devant lui comme une poussière ; monte jusqu'à Damas, redescend jusqu'à Sidon, prend et saccage Tyr, fait trois fois le tour des murailles de Gaza, traînant à son char le commandant Bœtis, comme fit autrefois Achille à Hector ; va à Jérusalem et à Memphis, sacrifie à Jéhovah et à Isis, redescend le Nil, visite Canope, fait le tour du lac Maréotis, arrive sur son bord septentrional, et, frappé de la beauté de cette plage et de la force de sa situation, se décide à donner une rivale à Tyr qui tombe, et à Carthage qui s'élève, et charge son architecte de lui bâtir une ville qui s'appellera Alexandrie, tandis qu'il fera une pointe dans le désert pour aller prier au temple de son père Jupiter Ammon.

C'était l'âge des merveilles ; tout insensé que paraissait un pareil ordre, Alexandre est obéi : l'architecte trace une enceinte de quinze mille pas, à laquelle il donne la forme d'un manteau macédonien ; coupe son plan par deux rues principales, dont une aura onze cents pas, l'autre cinq mille pas de longueur, toutes deux, cent pieds de large, et la ville s'élève, non pas peu à peu, comme ont coutume de s'élever les villes, mais elle surgit tout armée comme Minerve du cerveau de Jupiter.

Le jeune vainqueur revient et trouve sa ville bâtie et habitée ; elle a des dieux dans ses temples, un peuple dans ses rues, des vaisseaux dans ses ports ; l'Égypte nouvelle va succéder à la vieille Égypte, à cette Égypte mystérieuse descendue de l'Éthiopie avec le Nil, et qui n'existe plus que dans les ruines d'Éléphantine et de Thèbes. Memphis la Troyenne, qui leur a succédé, va bientôt passer à son tour, si bien que la belle cité grecque n'a pas de rivale à craindre et que, sûr de ses destins, son fondateur peut marcher à de nouvelles victoires.

Couchée entre son lac et ses deux ports, baignant ses pieds dans le golfe Cyrénaïque et mirant son front dans la mer de Syrie, Alexandrie écouta le retentissement de ses pas, qui s'enfonçaient vers l'Euphrate et le Tigre. Une bouffée du vent oriental lui apporta le bruit de la bataille d'Arbelles ; elle entendit comme un écho sombre la chute de Babylone et de Suse ; elle vit rougir à l'horizon l'incendie de Persépolis ; puis enfin cette rumeur lointaine se perdit derrière Ecbatane, dans les déserts de la Médie, de l'autre côté du fleuve Arius.

Huit ans après, Alexandrie vit entrer dans ses murs un char funèbre roulant sur deux essieux, autour desquels tournaient quatre roues à la persane, dont les rayons et les jantes étaient dorés; des têtes de lion d'or massif, dont la gueule mordait une lance, formaient l'ornement des moyeux : il y avait quatre timons à chacun desquels était attaché un quadruple rang de jougs, et quatre mulets étaient attelés à chaque joug; chacun d'eux avait sur la tête une couronne d'or, des sonnettes d'or aux deux côtés de la mâchoire, et autour du cou des colliers chargés de pierres précieuses. Sur ce char était une chambre d'or voûtée, large de huit coudées et longue de douze ; le dôme était orné de rubis, d'escarboucles et d'émeraudes ; au-devant de cette chambre régnait un péristyle d'or soutenu par des colonnes d'ordre ionique, et dans ce péristyle étaient appendus quatre tableaux. Le premier de ces tableaux représentait un char richement travaillé; un guerrier y était assis, tenant en main un sceptre magnifique, et autour de lui marchait la garde macédonienne et le bataillon des Perses avec leur avant-garde formée par les oplites. Le second tableau se composait du train des éléphants armés en guerre, portant sur leur cou les Indiens et en croupe les Macédoniens couverts de leurs armes. Dans le troisième, on avait figuré les corps de cavalerie, imitant les manœuvres et les évolutions du combat. Enfin le quatrième représentait des vaisseaux en ordre de bataille et prêts à attaquer une flotte que l'on voyait dans le lointain. Au-dessus de cette chambre, c'est-à-dire entre le plafond et le toit, tout l'espace était occupé par un trône d'or carré, orné de figures en relief d'où pendaient des anneaux d'or, et dans ces anneaux d'or étaient passées des guirlandes de fleurs qu'on renouvelait tous les jours. Au-dessus du faîte était une couronne d'or d'une assez grande dimension pour qu'un homme de haute taille pût tenir debout dans le cercle qu'elle formait ; et, lorsque la lumière du soleil frappait dessus, elle lui renvoyait ses rayons en éclairs. Enfin, dans cette chambre, qui formait le centre du char, était couché sur des aromates le cadavre d'Alexandre.

Celui qui se disait un dieu avait fait à Babylone un

excès de table, et la mort, à trente-deux ans, était venue lui rappeler qu'il n'était qu'un homme.

C'était un des douze capitaines que la mort de leur général avait faits rois, et un des quatre qui devaient conserver leur royaume, qui menait le deuil. Dans ce grand partage du monde, accompli autour de ce cercueil, Ptolémée, fils de Lagus, qui se vantait d'être le frère d'Alexandre, et qui était certainement l'un de ses plus chers favoris, avais pris pour lui l'Égypte, la Cyrénaïque, la Palestine, la Phénicie et l'Afrique ; puis, comme un palladium qui devait, pendant trois siècles et demi, conserver l'empire chez ses descendants, il avait détourné de sa route le corps d'Alexandre, et le ramenait demander une tombe à la ville à laquelle il avait donné un berceau.

Voilà donc ce que vit Apelles. Quoiqu'on ignore l'époque précise de sa mort, il est certain qu'il survécut à Alexandre, puisque Pline raconte, comme une preuve de son habileté à saisir la ressemblance, qu'une tempête l'ayant jeté sur la côte d'Égypte et contraint de débarquer à Alexandrie, d'autres peintres, jaloux de lui, subornèrent le bouffon du roi, qui l'invita faussement à venir souper avec son maître. Sans doute Ptolémée, tout auteur (1) et tout amateur des sciences et des arts qu'il était, n'aimait point personnellement Apelles ; car à peine l'eut-il aperçu, qu'il se leva furieux, et, montrant à l'artiste ses *vocatores*, lui demanda lequel d'entre eux l'avait invité de sa part. Apelles alors prit au foyer un charbon éteint et commença de tracer un portrait sur la muraille. Mais, avant même que la tête fût finie, Ptolémée l'arrêta. Aux premiers traits, il avait reconnu son bouffon.

Pendant tout le règne d'Alexandre, et tandis que le conquérant allait chercher des aventures dans la Perse et dans l'Inde, les Grecs, sous le gouvernement d'Antipater, avaient joui d'une longue paix ; ce fut sans doute pendant cette paix, dont l'indolente douceur fit relâcher Sparte elle-même de son austérité, que fleurirent, successeurs des Phidias, des Praxitèle et des Myron, Lysippe de Sicyone, qui fondit en bronze les vingt et une statues équestres des gardes à cheval d'Alexandre, lesquels perdirent la vie au passage du Gra-

(1) Ptolémée avait écrit une relation des campagnes d'Alexandre qui a été perdue.

nique en défendant celle de leur maître, et qu'après la conquête de la Macédoine Métellus fit enlever de Dicée et transporter à Rome ; Agésandre, Polydore et Athénodore, auteurs du *Laocoon ;* et Pyrgotélès, le graveur, qui avait, comme Apelles en peinture et Lysippe en statuaire, le privilége de graver seul la tête d'Alexandre.

Tacite dit qu'après la bataille d'Actium, Rome ne produisit plus rien de grand ; Pline, qu'après la mort d'Alexandre l'art s'éteignit. Les deux propositions sont peut-être un peu absolues. Tacite était contemporain de Sénèque, de Pline, de Pétrone et de Lucain ; et Pline, tout en disant que l'art cessa à compter de cette époque (*cessavit deinde ars*), parle cependant du *Taureau Farnèse* d'Apollonius et de Tauriscus, et du *Torse* d'un autre Apollonius. Quant aux peintres, il est vrai que tous ceux qu'il nomme ne sont plus que des peintres de second ordre.

C'est qu'aussitôt la mort d'Alexandre, le monde, et nous entendons toujours par le monde ce point de la terre où la civilisation brille, le monde, disons-nons, ne fut plus que chaos et confusion.

Alexandre, en mourant, avait laissé son anneau à Perdiccas. Chez les anciens, l'anneau, c'est-à-dire le sceau, était le signe visible de la souveraineté. Ses neuf collègues, qui étaient Antipater, Polysperchon, Eumène, Cratère, Antigone, Ptolémée, Séleucus, Lysimaque et Cassandre, lui dévolurent la régence des enfants d'Alexandre. Mais, comme il voulait profiter de ce titre pour s'emparer de la monarchie universelle, il fut égorgé en Égypte, où il combattait Ptolémée, l'an 322 avant le Christ, c'est-à-dire dix-huit mois à peine après la mort d'Alexandre.

Antipater lui succéda. — Son lot, à lui, c'était la Macédoine, l'Épire et la Grèce. Or, Athènes, chez laquelle l'esprit de liberté renaissait, se souleva contre Antipater et fit prendre les armes aux autres villes de la Grèce ; mais, vainqueur à Lamia, il prit Athènes, et mourut léguant la régence à Polysperchon, en réservant ses États à son fils Cassandre.

Polysperchon, en héritant de la régence, hérita des troubles qu'elle menait avec elle. Athènes fut reprise par lui. A son premier siége, elle avait perdu Démosthène ; à son second siége, elle perdit Phocion. Puis, comme il voulait déposséder Cassandre des États que lui avait légués son père, il rappela Olympias, la mère d'Alexandre, pour la mettre à la tête du gouvernement ; si bien que, tout en combattant, disait-il, pour les intérêts des fils d'Alexandre, il finit par les égorger tous deux, ainsi que leur aïeule.

Eumène, qui de simple soldat était devenu un des capitaines les plus chéris d'Alexandre, au point qu'il lui avait fait épouser une de ses femmes, était peut-être le plus dévoué aux intérêts de la malheureuse famille qui servait de prétexte à toutes les ambitions. Mais, dans le partage du monde, il n'avait obtenu que la Cappadoce, dans laquelle Antigone, son voisin, ne lui permit jamais de s'établir sérieusement. Il n'en fit pas moins ce qu'il put en brave capitaine, battit Antipater et tua Cratère. Mais, livré à Antigone, il fut étranglé à son tour, l'an 315 avant le Christ, c'est-à-dire huit ans à peine après la mort d'Alexandre.

Cratère jouissait d'une grande réputation parmi les Macédoniens : un instant il fut question d'enlever la régence à Perdiccas pour la lui donner ; mais le choix d'Alexandre l'emporta sur la sympathie générale. Allié d'Antipater contre Eumène, il se fit tuer, comme nous l'avons vu, trois cent vingt et un ans avant le Christ.

Antigone avait eu l'Asie en partage, et avait pris le premier le titre de roi. Lui aussi, comme Perdiccas, rêva un instant la monarchie universelle et fut merveilleusement secondé dans cette intention par son fils Démétrius, qu'on appela Poliorcète ou preneur de villes, et qui était celui-là même qui rendit, lors du siége de Rhodes, un si public hommage à Protogène ; mais, sa puissance naissante ayant effrayé les autres capitaines d'Alexandre, ils se liguèrent contre lui, et Antigone fut tué à la bataille d'Ipsus, c'était trois cent un ans avant le Christ. Les choses allaient vite, comme on le voit ; vingt ans à peine s'étaient écoulés depuis la mort d'Alexandre, et il ne restait plus, de cette splendide cour de généraux qui l'entouraient, que Ptolémée, Séleucus, Lysimaque et Cassandre.

Dans tout ce chaos qui annonçait les derniers jours de la Grèce, les Athéniens, comme nous l'avons dit, avaient essayé de reprendre leur liberté ; mais, défaits à la bataille de Lamia, ils furent forcés d'acheter la paix en payant les frais de la guerre, et de recevoir une garnison macédonienne à Munichia ; alors les proscriptions commencèrent, les républicains échappés à la bataille de Lamia furent poursuivis de tous côtés par leurs ennemis, arrachés des temples où ils s'étaient réfugiés, et partie mis à mort, partie envoyés en Thrace. Ceci se passait sous Antipater.

Il est vrai qu'Antipater étant mort, Athènes eut quelque temps de répit. Polysperchon, à qui il avait laissé la régence, et Cassandre, son fils, à qui il avait laissé son royaume, se prirent de querelle entre eux ; il y eut même plus : Polysperchon, voulant se faire des amis parmi les Athéniens, rendit un décret qui abolissait les ordonnances d'Antipater et les rendait à la liberté ; aussi s'attachèrent-ils à lui de corps et d'âme. Malheureusement, le songe ne fut pas long : Cassandre battit Polysperchon et Alexandre son fils ; et Nicanor, son lieutenant, envoyé à Athènes, mit de nouveau garnison dans le port du Pirée et dans la citadelle Munichia, et installa comme gouverneur de la ville Démétrius de Phalère, qui était de la famille de Conon.

Tout le temps du gouvernement de Démétrius fut une trève : aussi Athènes reconnaissante lui élevat-elle, dans l'espace d'un an, cent soixante statues de bronze, parmi lesquelles il y en avait d'équestres et en char.

Mais, après avoir pris Rhodes, le preneur de villes prit Athènes : Cassandre fut vaincu par Démétrius Poliorcète, et la Macédoine conquise ; Démétrius de Phalère s'enfuit de l'Attique et alla demander un asile à Ptolémée. Mais à peine eut-il quitté la ville qui, la veille, l'adorait encore comme un dieu sauveur, que le peuple gratta son nom de tous les monuments publics, renversa et fondit toutes ses images, et, pour enchérir sur les statues de bronze élevées à Démétrius de Phalère, décida qu'il serait élevé des statues d'or à Démétrius Poliorcète. L'art était déjà bien tombé, comme on le voit, puisqu'on estimait déjà la valeur de la statue, non point d'après l'artiste qui l'avait faite, mais d'après le métal dont elle était composée.

Le revirement parut à Démétrius Poliorcète trop prompt pour être sincère ; cet enthousiasme fut tenu par lui pour lâcheté ; il traita les descendants des Miltiade, des Thémistocle et des Phocion comme ils méritaient d'être traités : aussi, lorsque Antigone fut tué à

la bataille d'Ipsus, se révoltèrent-ils contre Démétrius.
Malheureusement, Démétrius, tout battu qu'il était,
était encore à craindre ; on avait cru le preneur de
villes mort, il n'était que blessé, blessé mortellement,
blessé dans sa puissance, mais blessé comme un lion
dont l'agonie est longue et terrible.

Démétrius, dépossédé de l'Asie, se retourna contre
l'Europe, prit et reperdit des provinces comme il avait
pris et reperdu des villes, fut un instant roi de Macédoine, et, pendant cet instant, chassa Lacharès, chef
de la révolte athénienne, fortifia le Musée et y mit
garnison.

Alors tout fut dit pour celle qui avait été la reine de
la Grèce. Tout ce qui lui restait de grand ou de beau
disparut. Aigle ou cygne, tout s'envola et alla chercher
un air plus libre ou un air plus doux. L'un alla demander asile à Ptolémée, l'autre à Séleucus ; celui-ci
se réfugia en Sicile, celui-là à Pergame.

Terminons avec la Grèce, à laquelle nous reviendrons
plus tard à la suite des armées romaines.

Cependant quelques vieux Grecs restaient encore qui
parlaient à leurs enfants des temps de Marathon, de

Salamine et de Platée. A leur voix, quatre villes à peine nommées jusque-là dans l'histoire, Phare, Tritée, Patras et Dyme, formèrent une association. Nul ne fit attention à cette ligue, tant elle sembla d'abord méprisable. Ce fut cependant la même qui fut appelée depuis la ligue achéenne.

C'est qu'en effet, dès qu'elles eurent un centre de réunion, toutes les villes de la Grèce se réunirent pour une cause commune. Aratus et Philopœmen, les derniers des Grecs, comme Brutus et Cassius furent depuis les derniers des Romains, se mirent à la tête de leurs compatriotes. La Grèce respira un instant dans l'espérance de sa régénération. Cet instant donna Ménandre, Épicure, Zénon et Euclide.

Mais la vieille jalousie qui existait entre les Étoliens et les Achéens amena une guerre, et la rage des deux partis alla si loin, que, lorsqu'elle ne pouvait plus frapper les hommes, elle frappait les monuments et les statues. Les Étoliens, étant entrés dans une ville de Macédoine, nommée Dios, et l'ayant trouvée déserte, abattirent les murs, renversèrent les maisons, brûlèrent et brisèrent les statues. Autant fut fait au temple de Jupiter à Dodone en Épire, où ils ne laissèrent pas pierre sur pierre.

Les Macédoniens et les Achéens ne demeurèrent pas en reste avec leurs ennemis. S'étant emparés deux fois de Therma, capitale des Étoliens, ils n'épargnèrent, la première fois, que les temples et les statues des dieux ; à la seconde, tout disparut. Pergame eut le même sort : le roi Philippe, après l'avoir prise, non-seulement en fit abattre les temples, mais encore fit briser les pierres de ces temples en petits morceaux pour qu'ils ne pussent point être rebâtis. L'Élide elle-même, qui jusque-là, à cause de ses jeux publics, avait été respectée, perdit son privilége et cessa d'être pour l'art un lieu d'asile.

Puis vint le tour d'Athènes. D'abord tranquille et sous la protection ou plutôt la dépendance des rois de Macédoine et d'Égypte, elle avait vu le commencement de cette guerre sans y prendre part ; mais, ayant quitté le parti macédonien, Philippe marcha contre elle, la prit, brûla l'Académie, saccagea les temples et brisa toutes les statues. De leur côté, les Athéniens rendirent un décret qui ordonnait d'anéantir non-seulement toutes les images de ce prince, mais encore toutes celles des personnes de sa famille, de quelque sexe qu'elles fussent. La destruction répondait à l'appel de la destruction.

Pendant ce temps mouraient, assassinés ou empoisonnés, la veuve de Cassandre et ses deux fils; c'étaient les derniers débris de la famille d'Alexandre. Quarante ans s'étaient écoulés à peine depuis que le conquérant de l'Inde avait fondé un empire plus grand que n'avait été la monarchie perse et plus grand que ne devait être la monarchie romaine, et déjà il ne restait plus trace de celui qui, pour me servir des paroles d'un historien moderne, avait traversé l'horizon avec la rapidité de l'éclair, l'éclat du soleil et les calamités de la foudre.

Cependant cette volée d'artistes qui, effrayés par le bruit des armes et par la vue du sang, étaient partis d'Athènes, s'étaient abattus en Égypte, en Asie, en Sicile et en Asie Mineure, et avaient été reçus par Ptolémée, par Séleucus, par Hiéron et par Attale, comme des envoyés des dieux qui devaient consacrer leurs monarchies chancelantes du sceau de leur génie. Jetons donc successivement les yeux sur chacun de ces quatre em-

pires, et voyons ce que l'art y produisit dans sa dernière
période.

Presque toutes les statues que les artistes grecs exé-
cutèrent en Égypte sont faciles à reconnaître, soit qu'on
les ait retrouvées complètes, soit qu'on n'en ait retrouvé
que des fragments; car elles sont en pierre libyque,
c'est-à-dire en porphyre, en basalte ou en granit : ces
statues sont rares, attendu l'extrème difficulté de travailler ces pierres; en revanche; les médailles d'Alexandre étaient renommées pour leur finesse et leur intelli-
gence, et sont préférées de beaucoup, par les amateurs,
aux médailles athéniennes. Quant à la peinture, on la
perd de vue, et, comme les tableaux n'étaient point
datés du lieu où ils étaient faits, les œuvres des artistes
grecs d'Alexandrie se confondent avec celles des autres
peintres de la décadence.

Séleucus n'avait pas été moins hospitalier pour l'art
fugitif que Ptolémée Soter ; mais il avait transporté le
siége de sa capitale à Séleucie, c'est-à-dire assez avant
dans l'Asie pour interrompre toute communication
entre la colonie et sa métropole : il en résulte que, parmi
les artistes qui se rendirent célèbres à la cour des pre-

miers Séleucides, on ne connaît guère, et encore grâce à Lucien, qu'Hermoclès de Rhodes, auteur de la statue du beau Combabus. Quant à la peinture, il est presque impossible d'en retrouver des traces.

En arrivant en Sicile, au contraire, les exilés purent croire qu'ils n'avaient point changé de patrie : c'étaient des ancêtres communs qu'ils retrouvaient, c'étaient des frères qui leur offraient l'hospitalité de la famille. Dès les temps les plus reculés, sous Gélon, sous Hiéron, sous les deux Denys, Syracuse avait été à la Sicile ce qu'Athènes était à la Grèce, et ses portes du temple de Pallas, ciselées en or et en ivoire, étaient, au dire de Cicéron, ce qu'on avait jamais fait de plus beau en ce genre.

Agathocle régnait alors ; il avait été, disait-on, potier dans sa jeunesse, ce qui lui avait appris les règles du dessin et donné le goût de l'art. Il reçut donc les artistes à bras ouverts, fit frapper force médailles qui représentaient d'un côté une tête de Proserpine, et de l'autre une Victoire qui posait un casque sur un trophée : il fit exécuter, en outre, un tableau représentant un combat de cavalerie où il avait commandé en personne, sans doute dans son expédition d'Afrique, et fit exposer ce tableau dans le temple de Pallas, où le trouva Marcellus.

Hiéron II lui succéda; lui aussi, simple citoyen de Syracuse, avait été proclamé roi d'une voix unanime : c'était un prince magnifique, qui, ne sachant comment occuper ce monde d'artistes qui habitait son royaume, en choisit trois cents des plus habiles et les chargea de lui construire le plus beau vaisseau qui eût jamais été fait. Au bout d'un an, le vaisseau flottait sur la mer de Sicile, plutôt avec l'aspect d'un palais qu'avec celui d'un navire : il avait, de chaque côté, vingt rangs de rames ; il renfermait des aqueducs et des jardins, des bains et des temples ; mais son chef-d'œuvre était une chambre dont le pavé de mosaïque représentait toute l'*Iliade*.

Les dieux récompensèrent Hiéron ; il vécut quatre-vingt-dix ans et en régna soixante et dix : ce fut l'âge doré de la Sicile.

Attale régnait à Pergame ; il avait amassé de tels trésors, qu'on disait : « Riche comme Attale. » Ce fut lui qui offrit, des tableaux grecs, ces prix incroyables que rapporte Pline ; on juge de ce qu'il fit pour les artistes, faisant cela pour leurs œuvres. Lui et Eumène, son fils, furent des dieux pour la pauvre Grèce expirante ; aussi Sicyone fit-elle ériger à Attale une statue gigantesque qu'elle plaça dans un lieu public, près de celle d'A- pollon, et la plupart des autres villes du Péloponèse en firent-elles autant pour Eumène.

Ils avaient à leur cour, outre quatre statuaires fa- meux qui se nommaient Pyromachus, Higone, Strato- nicus et Antigone, plusieurs peintres qui étaient char- gés de représenter les batailles qu'Attale et Eumène avaient gagnées contre les Gaulois, dans la Mysie, et un mosaïste célèbre, nommé Sosus, qui avait fait le fa- meux pavé appelé la *Maison non balayée*, et la *Colombe buvant dans une jatte.*

Ce furent eux encore qui, pour encourager les sa- vants et protéger les lettres, fondèrent cette fameuse bibliothèque de Pergame, à laquelle les Ptolémées don- nèrent une rivale ; elle fut bientôt si considérable et si riche (quoique, dans la louable intention de l'emporter sur leurs confrères des bords du Nil, les savants helles- pontins y eussent fait entrer près d'un tiers de livres apocryphes), que Ptolémée, jaloux, défendit l'exportation du papyrus ; mais à cette défense les Pergaméniens répondirent en écrivant sur des peaux de mouton préparées : de là l'invention du parchemin.

Parmi les beaux tableaux que possédait Attale, on citait surtout l'*Ajax* d'Apollodore et le *Malade* d'Aristide ; on se rappelle qu'il avait payé ce tableau cent talents attiques, c'est-à-dire deux cent quarante mille francs de notre monnaie.

Ce fut vers ce temps que l'on vit poindre à l'horizon occidental un peuple qui commença à donner à tous les rois d'Orient quelques craintes, par la manière rapide dont il s'élevait : ce peuple était le peuple romain.

Voici en deux mots l'histoire de ce peuple d'abord inaperçu, et qui bientôt devait conquérir le monde. Quatre cent trente-deux ans après la prise de Troie, au commencement de la septième olympiade, Charops étant archonte à Athènes dans la première année de son gouvernement de dix ans, Numitor, roi des Albains, ayant donné à Romulus et à Rémus le canton dans lequel ils avaient été élevés, ils sortirent d'Albe conduisant chacun une colonie.

Arrivés au pied du mont Palatin, terme du voyage, une contestation s'éleva entre les deux frères sur le lieu le plus favorable à la fondation de leur ville : les Albains prirent parti pour l'un et pour l'autre ; un combat s'engagea, Rémus fut tué, quelques-uns disent par Romulus lui-même. Trois mille hommes se rallièrent autour du vainqueur, sans s'inquiéter si ce vainqueur était un fratricide.

Alors, comme rien ne faisait plus obstacle à sa volonté, Romulus fixa un jour pour offrir aux dieux un sacrifice propitiatoire : ce jour arrivé, il fit son sacrifice, ordonna à chacun d'en faire un autre selon ses moyens, et, allumant un grand feu, il sauta le premier à travers les flammes pour se purifier ; tous l'imitèrent.

Ensuite, ayant convoqué le peuple sur le mont Palatin, il attela un bœuf et une vache à une charrue, et, traçant lui-même un sillon autour de la montagne, il dit :

— Voilà où seront les murs de ma ville, et cette ville s'appellera Rome.

Puis, lorsque ses murs furent élevés, lorsque son enceinte renferma le nombre de maisons nécessaires à sa population, Romulus rassembla tous ses habitants, satisfait qu'il était d'avoir été choisi pour conducteur de la colonie, et d'avoir donné son nom à la ville nouvelle.

Il voulait consulter le peuple sur le choix du gouvernement ; il lui proposa, en conséquence, trois formes d'administration différentes : la monarchie ou le gouvernement d'un seul homme, l'oligarchie ou le gouvernement de plusieurs magistrats, la démocratie ou le gouvernement du peuple ; quant à lui, quelle que fût la forme adoptée, il déclarait être prêt à s'y soumettre et ne refusait ni de commander ni d'obéir.

Le peuple, après avoir délibéré, répondit qu'il voulait suivre le gouvernement de ses ancêtres, qui l'avait rendu heureux, et que, fixé comme il l'était pour la royauté, il n'en voyait pas d'autre que Romulus qui convînt au trône, tant à cause du sang royal qui coulait dans ses veines, qu'à cause du courage qu'il avait déployé depuis qu'ils étaient sortis d'Albe.

Romulus répondit à son tour qu'il n'accepterait cet honneur qu'autant que les dieux le ratifieraient, et, le peuple l'ayant unanimement approuvé, il indiqua un jour pour consulter les augures ; ce jour, il sortit de sa tente de grand matin, et, après avoir immolé des victimes, il s'adressa aux dieux protecteurs de la colonie, les priant de lui indiquer, par quelque signe favorable, si c'était leur volonté qu'il acceptât le pouvoir royal : au même instant, un éclair venant de gauche à droite sillonna le ciel ; et Romulus, élu par les hommes et adopté par les dieux, fut nommé roi de Rome.

Il fit alors le recensement de son peuple ou plutôt de son armée, et il se trouva qu'il avait autour de lui trois mille hommes d'infanterie et trois cents cavaliers.

Ce fut le noyau du peuple romain.

Alors il le divisa en trois corps qu'il nomma tribus, et leur donna trois chefs qu'il appela tribuns ; puis il subdivisa ces trois tribus en trente autres corps qu'il appela curies, et leur donna trente chefs qu'il appela curions ; enfin il subdivisa de nouveau chaque curie en dix corps qu'il nomma décuries, et leur donna des chefs qu'il nomma décurions.

Il y avait donc trois tribuns, trente curions et trois cents décurions.

Le partage des hommes terminé, il passa au partage des terres, qu'il divisa en trente parts égales, réservant la part des dieux et la part de la République.

Puis, le partage des hommes et de la terre achevé, Romulus passa au partage des emplois et des honneurs ; il choisit les plus braves et les plus instruits de ses sujets, et les nomma patriciens ; les autres furent appelés plébéiens.

Voici quels étaient les devoirs de chacun :

Le roi se réservait la souveraine sacrificature, la garde des lois et des coutumes du pays, le soin de veiller à l'exacte observation du droit naturel et du droit civil, la rédaction des traités et des conventions, le jugement des grands crimes, la faculté d'assembler le peuple, de convoquer le sénat, de dire son avis le premier, de conclure à la pluralité des voix et d'exécuter les décisions ; enfin le commandement des armées et la souveraine autorité dans la guerre : il réunissait donc le pouvoir religieux au pouvoir militaire, le pouvoir législatif au pouvoir exécutif.

Le nourrisson de la louve s'était, comme on le voit, fait une part de lion.

Les patriciens avaient le soin du culte des dieux, rendaient la justice, et aidaient le roi dans le gouvernement.

Les plébéiens étaient chargés des fonctions qui exigeaient moins de capacités et de richesses ; ceux qui ne remplissaient aucune charge, et ce fut le plus grand nombre, s'appliquèrent à l'agriculture, à l'entretien des troupeaux et à l'exercice des métiers.

Les patriciens se convoquaient par des hérauts, les plébéiens se réunissaient au son de la trompette.

Ce fut la base du gouvernement de Rome.

La pondération des pouvoirs ainsi établie entre les trois corps de l'État, et lorsque chacun connut sa puissance, ses droits et ses devoirs, Romulus s'occupa de l'agrandissement du royaume et de l'augmentation des individus.

Dans ce but, il rendit trois lois.

La première défendait aux parents de tuer leurs enfants avant qu'ils eussent trois ans accomplis, à moins qu'ils ne fussent estropiés et monstrueux à leur naissance ; dans ce cas, on les faisait voir à cinq voisins, et, selon le sentiment de ceux-ci, on les mettait à mort, ou on les laissait vivre.

La seconde accordait asile aux peuples mécontents de leurs gouvernements. Entre la capitale et la citadelle s'étendait un bois de chênes fort touffu : Romulus consacra ce bois, y bâtit un temple, et en fit un lieu d'asile pour toute personne libre.

La troisième était la défense de passer au fil de l'épée la jeunesse des villes vaincues, l'ordre de ne point la vendre, de ne point laisser en friche les terres conquises, mais de déclarer la conquête colonie romaine, et, comme telle, de la faire participer à une partie des avantages réservés aux citoyens romains.

Le gouvernement établi par Romulus dura jusqu'au moment où Brutus chassa les rois, c'est-à-dire jusqu'à l'an 243 de la fondation de Rome, qui correspond à l'an 510 avant Jésus-Christ. Brutus était contemporain d'Harmodius et d'Aristogiton.

Alors, quoique le nouvel ordre de choses prît le nom de république, le fond resta à peu près le même ; seulement, un léger changement s'opéra dans la forme : le pouvoir, réuni auparavant dans les mains d'un seul roi, fut partagé entre deux magistrats et, de viager qu'il était, devint annuel ; on appela les nouveaux chefs consuls, afin que, par ce nouveau nom introduit dans la langue romaine, ils se trouvassent avertis de ne rien faire sans consulter les citoyens.

Ces consuls héritèrent non-seulement de l'autorité royale, mais encore de l'appareil du pouvoir souverain : cet appareil consistait en une troupe de douze licteurs marchant toujours devant le consul sur une seule ligne et armés de simples faisceaux de verges de bouleau, qu'ils surmontaient d'une hache quand ce magistrat sortait de Rome.

Les patriciens qui avaient fait la révolution l'organi- sèrent à leur profit en se réservant le consulat. Ils laissèrent bien l'élection au peuple; mais, comme les consuls ne pouvaient être pris que parmi la noblesse, et que les consuls nommaient les sénateurs, ils se trou- vèrent ainsi maîtres de la République, par le consulat et la sénatorerie.

Quoique le peuple se fût promptement aperçu du ré- seau aristocratique dans lequel il était enveloppé, cet état de choses dura quelque temps. Puis, comme dans toutes les situations où les intérêts des masses sont com- promis au profit d'une minorité, un accident, qui au premier coup d'œil paraissait n'avoir aucun rapport avec la cause réelle du malaise populaire, vint apporter une modification dans le système gouvernemental.

A cette époque, tout citoyen devait à la République le service militaire sans indemnité ; ce qui fit que beaucoup de plébéiens qui ne vivaient que de leur travail se trouvèrent obligés, par suite de fréquents appels sous les drapeaux, de contracter des dettes. Bientôt ces dettes s'accumulèrent au point que les débiteurs devinrent insolvables. Tourmenté par ses créanciers, et ne trouvant aucun appui dans le patriciat, le peuple réclama des sénateurs un adoucissement à son sort. Cet adoucissement lui fut durement refusé. Le peuple alors se décida à une banqueroute générale ; il émigra tout entier, suivi des femmes et des enfants, et se retira sur une montagne distante d'une lieue et demie de Rome, à peu près, ne laissant dans la ville que les consuls, les sénateurs et la noblesse.

Le patriciat, effrayé de cette désertion, envoya des ambassadeurs aux mécontents ; les mécontents exigèrent : 1° l'abolition des dettes contractées pour le service de la patrie ; 2° l'élargissement des détenus ; 3° la création de deux magistrats selon Tite-Live, et de cinq, selon Plutarque, lesquels choisis parmi les plébéiens, devaient les protéger contre l'avidité des riches, l'insolence des patriciens et les injustices du sénat.

Ces trois demandes furent accordées : les dettes furent remises, les débiteurs élargis ; les nouveaux magistrats, choisis dans l'armée parmi les chefs de corps, prirent le nom de tribuns du peuple, et la colline qui avait offert un asile aux opprimés fut appelée le mont Sacré. A compter de ce jour, les plébéiens eurent entre les mains leur force légale ; mais d'abord cette force fut seulement défensive, les tribuns n'étant et ne devant être que de simples protecteurs : en conséquence, ils n'avaient aucun costume particulier, marchaient sans suite, accompagnés seulement d'un seul viateur, et perdaient leur puissance en sortant des portes de la ville.

Mais tout pouvoir, si faible qu'il soit à sa naissance, grandit vite s'il a été procréé par les besoins de la majorité, et bientôt le droit d'opposition ne suffit plus au tribunat. Il se lassa du rôle passif qui lui était dévolu, et une occasion se présenta bientôt où il put faire l'essai du pouvoir actif qu'il était à même d'exercer.

Neuf à dix ans après la chute des Tarquins, une famine affreuse s'étant fait sentir, le sénat, dans lequel étaient concentrées toutes les richesses, fit venir du blé des pays environnants, et Marcius Coriolan proposa de donner le blé à moitié prix au peuple si le peuple consentait à renoncer à ses tribuns. Les tribuns, menacés dans leur existence, répondirent en citant Coriolan devant le peuple, et, quoique le fier patricien refusât de comparaître au tribunal populaire, il fut jugé et condamné.

A compter de ce moment, la puissance des tribuns alla sans cesse croissant ; le pouvoir populaire, une fois en face du pouvoir aristocratique, ne lui donna ni paix ni trève. Bientôt le consulat cessa d'être circonscrit parmi les patriciens ; et les magistratures les plus importantes, passant par la brèche faite à la constitution primitive, descendirent jusqu'au peuple, tandis qu'au contraire il est prouvé par les témoignages de Caton d'Utique, de Cicéron, de Plutarque et de Tite-Live, que jamais un noble ne put obtenir le tribunat. En effet, Auguste fut le premier que l'on décora de ce titre.

Et maintenant, voici dans quelle progression, malgré ses révolutions intestines, malgré l'invasion des Gaulois et malgré la guerre étrangère contre Pyrrhus, le peuple romain en était comme population à l'époque où nous sommes arrivés, c'est-à-dire cinquante ou cinquante-cinq ans après la mort d'Alexandre.

Grâce aux lois qu'il avait fondées, lorsque Romulus, après trente-sept ans de règne, fut emporté par une tempète, Rome comptait quarante-sept mille âmes, tant habitants que sujets.

L'an 220, ce nombre montait, selon Fabius Pictor, le plus ancien historien romain, à quatre-vingt mille hommes en état de porter les armes.

L'an 395, époque de la prise de Rome par les Gaulois, et qui correspond, à dix ans près, à la guerre de Thèbes et de Lacédémone, c'est-à-dire à l'époque où Athènes était en pleine floraison, la République comptait, selon Tite-Live, cent trente-deux mille citoyens.

Enfin, l'an 500, c'est-à-dire à l'époque où nous sommes arrivés, sa population était augmentée du double; ce qui peut porter le chiffre total, toujours au dire de Tite-Live, et en y comprenant les femmes, les vieillards et les enfants, à huit cent mille âmes, à peu près.

Maintenant, nous allons voir, au moment où l'art tombait chez les Grecs vieillis, où l'art en était chez ce peuple à peine adulte, qui devait grandir avec tant de rapidité et tomber avec tant de bruit.

Comme on l'a vu, les Romains étaient un peuple guerrier; élevé par les armes, il se soutenait par les armes; il lui fallut près de cinq cents ans de lutte pour consolider son droit de bourgeoisie dans le Latium : lorsqu'on combat pour sa propre existence, on n'a guère de temps à perdre pour les choses de luxe.

D'abord, au dire de Plutarque, Numa avait rendu une loi qui défendait de représenter la Divinité sous une forme humaine; de sorte que Varron rapporte que, pendant les cent soixante et dix premières années de la République, c'est-à-dire de Romulus à Servius Tullius, on ne vit, dans les temples de Rome, ni statues ni images des dieux.

Cependant la ville n'était point dénuée de toute espèce de monuments de ce genre. Il existait une statue de Romulus, et Denys d'Halicarnasse parle, comme d'un ouvrage remontant à la plus haute antiquité, de la louve du Capitole qui allaitait Romulus et Rémus, et Pline ajoute que Tarquin l'Ancien, Plutarque dit Tarquin le Superbe, fit venir des artistes du pays des Volsques pour exécuter en terre cuite le Jupiter Olympien et le quadrige qui fut placé sur le faîte du temple. De plus, Appien (dans sa *Guerre civile*, livre i, page 168) affirme que, du temps des Gracques, et pendant les troubles qu'ils excitèrent, c'est-à-dire environ six cent vingt ans après la fondation de Rome, on voyait encore les statues des anciens rois à l'entrée du Capitole.

D'ailleurs, une chose essentielle s'opposait, chez les Romains, aux progrès de l'art de la statuaire : dans le traité conclu avec Porsenna, après la mémorable aventure de Mutius Scévola, il fut stipulé, a ce qu'assure Pline, que le fer ne serait employé qu'à des instruments d'agriculture. De cette manière, les outils manquant pour tailler le marbre, on dut avoir recours à la fonte : aussi voyons-nous que le plus grand honneur qu'on pût rendre à un citoyen était de lui élever une colonne ou une statue de bronze ; encore cette statue, comme celle d'Horatius Coclès, qui était érigée dans le temple de Vulcain, et celle de Clélie, que Sénèque vit encore et dont il parle dans ses *Consolations à Marcia*, ne pouvait-elle être que de trois pieds de hauteur.

Quant aux portraits des particuliers qui n'avaient point été jugés dignes des honneurs publics de la statue, la piété privée les faisait exécuter en cire; c'étaient de simples médaillons enclavés dans des cadres, afin qu'on pût les emporter avec soi lorsqu'on changeait de maison, ou les promener dans les pompes funèbres de la famille (1). Aussi, dit Pline, lorsqu'il mourait un citoyen de marque, voyait-on assister à son convoi une telle quantité d'ancêtres, que le mort était littéralement accompagné d'un peuple portant le même nom que lui.

C'était le temps où les vertus étaient fières encore d'être des vertus et voulaient être perpétuées; aussi, en même temps qu'un arbre généalogique tracé sur la muraille étendait ses rameaux jusqu'à chacune de ces médailles, les cases des archives se remplissaient de

(1) « Nec mea tunc longa spatietur imagine pompa » (*Propert.*), lib. ii, eleg. xiii.

4.

manuscrits contenant les faits et gestes de ceux dont la maison offrait les portraits. En outre, il y avait en dehors et autour des portes d'autres effigies représentant les actions glorieuses des propriétaires de ces maisons, ainsi que les trophées ennemis qui en avaient été la récompense, et, quels que fussent les acquéreurs de ces maisons, ils ne pouvaient enlever les effigies et les trophées, de sorte qu'elles continuaient de triompher même en changeant de maître, et qu'un lâche y regardait à deux fois pour passer ce seuil qui lui criait à haute voix d'être brave.

Ce fut Appius Claudius qui, pendant son consulat avec Servilius, l'an 258 de Rome, quinze ans après la chute de Tarquin, donna le premier l'exemple de cet hommage rendu à ses ancêtres en dédiant, dans le temple de Bellone, des boucliers à leur effigie ; autour de ces boucliers étaient leurs noms et des inscriptions rappelant les principales actions de leur vie. Cet exemple fut imité, et bientôt, cet honneur s'étendant des morts aux vivants, on vit de grands boucliers représentant le chef de la famille, tout entouré de petits médaillons où étaient modelés les portraits de ses enfants.

Cette coutume dura longtemps ; car, plus de quatre cents ans après, Marcus Émilius Lépidus, qui, l'an 671 de Rome, eut pour collègue au consulat Quintus Lutatius, plaça les écussons de ses ancêtres dans la basilique Émilienne. Il y avait plus : jusqu'à l'incendie du Capitole arrivé du temps des guerres de Marius et de Sylla, on voyait, attaché au-dessus de la porte du temple de Jupiter Capitolin, le bouclier d'Asdrubal, qui avait été rapporté d'Espagne par Marcius, et qui était tombé dans ses mains quand ce vengeur des Scipions avait forcé le camp du général carthaginois. Au reste, à cette époque d'ignorance et de vertus antiques, l'indifférence était si grande pour la matière, que ce fut Marcus Aufidius qui, ayant été préposé à la garde et à l'entretien du Capitole, l'an 575 de Rome, apprit aux sénateurs que les écussons à portraits, que l'on avait pris jusqu'alors pour des boucliers de cuivre, étaient des boucliers d'argent.

Pendant les quatre premiers siècles de la fondation de Rome, l'art, comme on le voit, ne fit donc aucun progrès chez les Romains. Cependant, vers l'an 52, Spurius Cassius, consul, avait fait faire une statue de

Cérès en bronze, et, en l'an 417, on avait érigé les premières statues équestres aux consuls Lucius Furius Camillus et à C. Marcius, vainqueur des Latins. Mais ces divers monuments étaient sans doute exécutés par des Étrusques; car, en l'an 461, les Romains étaient encore si ignorants en statuaire, que Spurius Carvilius, vainqueur des Samnites, ayant voulu couler en fonte un *Apollon* colossal, fait des casques, des cuissards et des cuirasses des vaincus, fut forcé de faire venir à Rome un artiste étrusque. Or, l'an 461 de Rome correspondait à la 121e olympiade, c'est-à-dire trente-quatre ou trente-cinq ans après la mort d'Alexandre, époque à laquelle l'art grec, arrivé à son apogée depuis plus d'un siècle, était déjà bien près d'entrer dans sa décadence. L'artiste étrusque s'en tira, au reste, à son honneur, et sa statue, qui était si grande, qu'on pouvait la voir de la montagne d'Albano, fut transportée plus tard dans la bibliothèque du temple d'Auguste, où Pline la vit vers la moitié du premier siècle de l'ère chrétienne. Quant au marbre, il n'en était pas le moins du monde question, et, comme le territoire possédé à cette époque par les Romains ne renfermait encore aucune carrière de ce genre, il était si rare, que, longtemps encore après l'époque où nous sommes arrivés, le censeur Fulvius fit transporter à Rome les tuiles de marbre qui couvraient le temple de Junon Lucinia, situé près de Crotone, pour en faire la couverture d'un nouveau temple que lui-même avait fait vœu de bâtir. En même temps, son collègue, le censeur Émilius, faisait paver un marché de la même matière; mais, pour garantir cette merveille d'une trop prompte destruction, on l'avait entourée d'une palissade qui ne s'ouvrait que certains jours de la semaine.

Au reste, il était facile de reconnaître les statues antérieures à la 120ᵉ olympiade, c'est-à-dire à l'an 454 de la fondation de Rome, en ce qu'elles avaient toutes la barbe et les cheveux longs, les barbiers, au dire de Plutarque, étant vers cette époque seulement venus de Sicile. Scipion l'Africain portait encore cette coiffure primitive dans son entrevue avec le roi Massinissa.

Quant à la peinture, c'était encore par les Étrusques qu'elle était pratiquée à Rome ; ils avaient orné de

leurs fresques un temple de Cérès ; et ces fresques passaient pour de tels chefs-d'œuvre, que, lors de la reconstruction de ce temple, on enleva ces peintures en
sciant, pour les conserver intactes, une partie de la
muraille. Et il fallait bien que cette pénurie d'artistes
indigènes fût grande, puisque Quintus Fabius, qui,
après la bataille de Cannes, fut envoyé à Delphes pour
consulter l'oracle, l'an 450 de Rome, reçut, pour avoir
peint le temple du Salut, situé sur le Quirinal, le surnom de Pictor, qui fut depuis affecté à l'illustre famille
Fabia. Au reste, ces peintures demeurèrent à Rome,
comme les premiers essais de l'art, jusqu'au règne de
Claude, époque à laquelle ce temple fut brûlé.

Deux ans après, Tibérius Gracchus, ayant remporté
sur les Carthaginois, commandés par Hannon, une
grande victoire, fit peindre, dans le temple de la Liberté
à Rome, les fêtes qu'il avait données à son armée dans
la ville de Bénévent. Ces fêtes consistaient en dîners
publics dans lesquels on voyait les citoyens servir les
vainqueurs, qui cependant n'étaient en grande partie
que des esclaves à qui Tibérius Gracchus avait promis
la liberté.

Pacuvius, neveu d'Ennius et poëte comme son oncle, fut le dernier citoyen recommandable, qui, au dire de Pline, exerça l'art de la peinture. Il avait décoré le temple d'Hercule situé dans le marché aux Bœufs, et le succès de ses pièces de théâtre avait donné une nouvelle célébrité à ses autres travaux; mais, vers le même temps, les Romains, qui, ainsi que je l'ai dit, commençaient à devenir une puissance, ayant été appelés par les Étoliens à leur secours contre les Achéens, et ayant passé du parti de leurs premiers alliés à celui de leurs ennemis, eurent occasion de comparer les peintures grecques aux essais informes qu'ils avaient vus à Rome.

L'admiration pour les productions étrangères les ayant naturellement conduits au mépris des productions indigènes, ils jugèrent inutile de se donner une plus longue peine pour arriver au degré de perfection où étaient parvenus les Grecs, et trouvèrent qu'il était bien plus simple d'envoyer à Rome des chefs-d'œuvre tout faits que de perdre leur temps à essayer d'en faire. Au reste, cette campagne des Romains eut un résultat excellent pour l'art. Quintus Flaminius prit Corinthe et força Philippe à une paix dont l'un des articles fut qu'il évacuerait toutes les îles grecques dans lesquelles il avait garnison, et cela avant le retour des jeux isthmiques. Cette convention exécutée, Quintus Flaminius déclara les Grecs libres. Les Grecs tombèrent à genoux, et, dispensés de lui obéir comme à un maître, l'adorèrent comme un dieu. Cela se passait après la seconde guerre punique, c'est-à-dire vers l'an 197 avant le Christ.

Ce moment de liberté produisit en Grèce une recrudescence de l'art; quelques maîtres reparurent, de second ordre il est vrai, mais hommes de talent, sinon de génie : c'étaient les Antée, les Polyclète, les Callistrate, les Athénée, les Callixène, les Pythias et les Métrodore, dont les productions, mentionnées par Pline, signalent le dernier âge de l'art grec.

Mais les premiers chefs-d'œuvre apportés à Rome le furent par Claudius Marcellus et venaient de Syracuse, qu'il avait prise : c'étaient des statues et des tableaux du beau temps et de la belle école grecque ; aussi ces statues et ces tableaux destinés à la décoration du Capitole et à l'ornement d'un temple, qu'au dire de Plutarque il éleva vers la porte de Capène, produisirent-ils un véritable enthousiasme.

Il en fut de même pour la ville de Capoue : Fulvius Flaccus, l'ayant prise, la dépouilla de tous les objets d'art qu'elle possédait, et les envoya à Rome.

Puis, vers le même temps où Scipion l'Africain détruisait Carthage, Mummius prit Corinthe et trouva, dans la lave qui coulait de l'incendie, ce précieux métal composé d'or, d'argent et de bronze, pour lequel devaient se ruiner les Romains du temps de Claude et de Néron.

Enfin, Antiochus fut vaincu ; et cette victoire, en livrant aux Romains l'Asie Mineure jusqu'au mont Taurus, leur livra ces richesses étranges, inconnues, inouïes, où devaient, au pied du tombeau des Gracques et des Scipions, s'éteindre les restes de leurs vieilles vertus.

A partir de ce moment, Rome marcha vers la monarchie universelle, absorbant au profit de sa propre gloire tout ce que, dans ses conquêtes successives, elle trouva de grand et de beau. Alors elle ne comptait plus sa population territoriale comme aux temps dont parle

Tite-Live, mais la population de Rome seule ; et cette population, au dire d'Eusèbe, cinquante ans avant le Christ, c'est-à-dire du temps de César, se montait à peu près à trois millions d'habitants, non compris les femmes, les enfants, les vieillards et les étrangers ; mais alors Rome était la capitale du monde, et partout où n'était pas Rome, il n'y avait rien.

C'est qu'en effet, arrivée à cette époque, Rome n'est pas encore la reine du monde, elle n'en est que la maîtresse. A son territoire italien, qu'elle a conquis avec tant de peine, et après cinq cents ans de lutte, Duilius a réuni la Sardaigne, la Corse et la Sicile ; Scipion, l'Espagne ; Paul-Émile, la Macédoine ; Sextius, la Gaule Transalpine ; Scipion Émilien, le littoral de l'Afrique ; Pompée, la Syrie et le Pont ; Marius, la Numidie ; Jules César, les Gaules et l'Angleterre ; enfin elle a hérité : la Bithynie, de Nicomède ; Pergame, d'Attale ; et la Libye, d'Apion ; si bien que les limites de la République s'étendent, à l'orient, jusqu'à l'Euphrate ; au midi, jusqu'au grand désert ; au nord jusqu'à la Germanie ; à l'occident, jusqu'à l'Atlantique.

Depuis longtemps, la Rome de bois a fait place à

la Rome de brique, et la Rome de brique, à son tour, commence à disparaître sous les pieds de la Rome de marbre. Circonscrite d'abord dans le sillon que la charrue de Romulus a tracé autour du mont Palatin, elle a successivement fait craquer ses trois enceintes de murs, envahi les six collines qui entouraient son berceau, et couvert de ses faubourgs, de ses jardins et de ses villas, le territoire qu'elle avait trouvé occupé par sept peuples. Comme un riche patricien a un château d'été, la voluptueuse qu'elle est a une ville de campagne qu'on appelle Naples. Les dépouilles du monde entier sont venues, comme nous l'avons dit, grossir son trésor ; les chefs-d'œuvre de la Grèce, envoyés de Syracuse par Marcellus, de Corinthe par Mummius, et d'Athènes par Sylla, ornent ses places publiques et ses palais. Il y a plus : inhabile à la peinture et à la statuaire, elle s'est réfugiée dans l'architecture, et elle s'essaye à bâtir ces monuments gigantesques dont elle couvrira le monde ; déjà elle a bâti ou va bâtir sur son Fòrum la basilique Émilia, dont les deux cents colonnes sont de marbre de Phrygie ; le temple de Saturne, qui renferme le trésor de la République et dont le fronton est surmonté de dieux marins sonnant de la trompette; le temple de Vesta, qui est couvert en airain de Syracuse; le temple de la Fortune, dont le péristyle est soutenu par dix colonnes; le temple de Castor et Pollux, qui est situé sur l'emplacement de la fontaine où les deux frères divins se baignèrent en revenant de combattre avec l'armée romaine à la bataille de Régile; le temple de la Félicité, qui occupe l'emplacement de l'ancienne curie Hostilia; enfin, le Græcostase, où les ambassadeurs des rois étrangers attendaient l'audience du sénat romain.

Sur son Champ de Mars, en entrant par la porte Flumentane, on aperçoit, isolés entre la voie Triomphale et le Tibre, les trois temples de l'Espérance, de Junon Reine et de la Piété; tandis que de l'autre côté de la voie s'élèvent : le forum Olitorium, où les paysans des environs viennent étaler le produit de leurs jardins; le temple de Janus, qui n'a été fermé que deux fois encore depuis cinq cent cinquante ans qu'il est bâti; le temple d'Apollon, qui touche à la maison de Quintus Cicéron, frère de l'orateur; le théâtre de Cornélius Balbus, qui fait face au temple de l'Hercule aux Muses; le temple de Bellone et sa colonnette guerrière, du haut de laquelle on lance la javeline hostile vers le côté du monde où Rome veut porter la guerre ; le cirque de Flaminius, qui a donné son nom à toute la région ; le théâtre de Pompée, où pour la première fois, depuis les tuiles de Crotone, au milieu de la Rome républicaine, le marbre aristocratique a été employé, et devant lequel s'étend un portique qni repose sur cent colonnes dont les intervalles et les extrémités se ferment avec des voiles d'étoffe attaliques, tandis que, derrière lui, sa curie touche, par une promenade plantée d'arbres et ornée de statues, au stade Jules César ; puis, à l'extrémité opposée du Champ de Mars, en le traversant dans toute sa largeur, pour aller du Tibre au mont Quirinal, le temple d'Isis, au milieu de ses jardins ; et enfin les Septa Julia, bazar splendide, où l'on vend des coupes de myrrhe, des tables de bois en citre, des lits d'écaille incrustés d'or, des vases d'airain de Corinthe, des statues de Polyclète, des plats ciselés par Évandre ; et des vases murrhins qui viennent du royaume des Parthes, et dont quelques-uns valent jusqu'à trois cent mille francs.

Dans ces temples, devant les péristyles, sous les porti-

ques, circulent, non plus les matrones du temps de Cor-
nélie, vêtues de longues stoles qui couvraient leur poitrine et retombaient jusqu'à leurs talons, enveloppant
leur taille des plis du palla, couvertes d'un voile qui
cachait leur visage, et dont les enfants étaient les seuls
bijoux, mais d'élégantes coquettes, qui se sont fait apporter aux portes Thriomphale, Flumentane ou Carmentale,
mollement étendues dans des litières aux rideaux de
soie et d'argent, précédées de deux coureurs africains
ceints autour des reins seulement, pour mieux faire
ressortir l'ébène de leur peau, de la toile la plus fine et
la plus blanche d'Égypte, portées par six esclaves vêtus
de magnifiques *penulæ*, accompagnées d'une suivante
qui, à l'aide d'un parasol couvert de plumes de paon,
intercepte les rayons du soleil, et suivies de deux Libur-
niens qui tiennent chacun un petit marchepied qu'ils
posent, lorsque le cortége royal s'arrête, chacun d'un
côté de la litière, afin que la dame paresseuse n'ait pas
même besoin de faire un signe pour indiquer de quel
côté elle veut descendre.

A l'entrée du *champ*, car on disait alors à Rome *le
champ*, comme on dit aujourd'hui à Paris *le bois*, à

l'entrée du champ, dis-je, elles ont laissé dans leurs litières leurs manteaux, et elles n'ont conservé qu'une tunique si légère et qu'un voile si transparent, qu'on dirait d'une vapeur tissue.

Elles marchent suivies d'esclaves, vieilles ou laides, ombres que la Mauritanie ou la Libye ont fournie à leur beauté, froissant entre leurs mains des boules d'ambre jaune qui donnent d'abord une fraîcheur douce, puis, en s'échauffant, un parfum suave. Quelques-unes, encore plus raffinées dans leurs recherches contre la chaleur, portent autour du cou, au lieu de colliers, de petits serpents privés, qu'elles laissent flotter sur leur sein pour le rafraîchir par le contact de ces animaux à sang glacial, tandis qu'autour d'elles comme autour de nos femmes modernes, dahlias vivants des Tuileries, papillonnent les dandys, s'empressent les *trossuli* et les beaux, ces modèles de l'élégance romaine, qui ont tellement raffiné tout, qu'à leur avis Alcibiade n'était qu'un crocheteur : on les reconnaît facilement à leur chevelure parfumée de baume et de cinnamome qu'ils partagent au milieu de la tête et que le fer roule en longs anneaux des deux côtés de leurs tempes ; à

leur visage sans barbe ou à leur barbe taillée avec art,
de manière que les uns n'ont que des moustaches et les
autres qu'un collier ; à leur toge transparente ou
pourprée, dont les manches démesurées couvriraient la
main toute entière, s'ils n'avaient soin d'élever la main
pour que ces manches, en se retroussant, laissent voir
leurs bras polis à la pierre ponce, et leurs doigts couverts, dès le mois de mars, de bagues d'été, trop faibles
qu'ils sont, par la chaleur naissante du printemps,
pour porter encore leurs bagues d'hiver. Les uns ont le
visage couvert de vermillon et de mouches, comme les
histrions grecs qu'on met en étalage aux boutiques des
marchands d'esclaves, et font siffler des baguettes sur
lesquelles ils ne peuvent s'appuyer, tant elles sont frêles
et pliantes ; les autres parlent d'un ton mou et languis-
sant, et marchent en s'appuyant sur l'épaule d'un jeune
et bel esclave circassien, comme si les travaux hercu-
léens de leurs nuits ne leur laissaient pas de force pour
leurs promenades du jour ; ceux-ci, au contraire, se
balancent et sautillent en marchant, comme si leurs
pas étaient réglés par une musique qu'eux seuls entendent ; ceux-là, enfin, qui sortent des thermopoles la

langue encore épaissie par le vin cuit qu'ils ont bu, chantent les voluptueuses chansons de Cadix et d'Alexandrie, dont une courtisane nue leur a fait entendre les airs sur la flûte tibicine. Tous ont aux portes du champ leurs équipages, qui les attendent pour les ramener chez eux ; ce sont des mules espagnoles chargées de riches housses de pourpre et de harnais couverts d'or, guidées par des coureurs aux robes retroussées, dont le pas est si agile, qu'ils devancent la monture de leur maître, quelle que soit l'allure qu'elle prend. Ce sont des cisii légers, espèces de tilburys antiques, garnis de tapis précieux, auxquels on attelle trois chevaux de front, et devant lesquels courent, en aboyant, une troupe de chiens molosses aux cous parés de colliers d'or armés de pointes de fer ; des *petorita*, imités des chars gaulois, dont la conquête transalpine a fait naître la mode, et dont les ciselures d'airain, d'ivoire ou d'argent rehaussent, par des détails élégants, la forme tant soit peu commune ; enfin, au milieu de cette foule d'esclaves et de maîtres, circule le parasite, au visage souriant, qui cherche un dîner qu'il payera avec des louanges, et le mendiant, aux cheveux ras, qui assure sa marche sur un bâton entouré de bandelettes.

Maintenant, descendons de l'aristocratie au peuple, et voyons ce que c'était que ces trois millions d'hommes qui fourmillaient dans les rues de la capitale du monde.

C'était un mélange singulier de vieux Romains, de provinciaux, d'hommes libres, de citadins et d'étrangers. La citoyenneté s'était étendue d'un côté jusqu'à l'Euphrate, et de l'autre jusqu'à l'Océan, de sorte que, de tous les points de l'empire, il arrivait des citoyens à Rome, qui, de son côté, renvoyait des colonies aux deux bouts de l'univers. C'était le grand système de la circulation du sang appliqué au monde tout entier ; le Capitole était le cœur, et les voies publiques les artères : de tous les points de cette immense circonférence dont il était le centre, ce peuple avait vu successivement arriver les richesses de l'Asie, de l'Afrique, de l'Égypte et des Gaules ; il avait tant d'or, que, du temple de Saturne, qui ne pouvait plus le contenir, on en porta une partie au Capitole : il avait tant de statues, que ses rues en étaient encombrées ; on fut obligé de rendre un édit pour enlever la faculté d'en dresser de nouvelles à quiconque de ses propres deniers n'aurait pas restauré un édifice public ; il avait tant de temples, de basiliques et de bains qu'un million d'hommes, plutôt que de remonter tous les soirs dans leurs chambres du sixième ou septième étage, se couchaient dans les entre-colonnements et sous les portiques ; aussi savait-il bien, ce peuple, qu'il était devenu grand seigneur, et ne voulait-il plus travailler : il abandonnait en conséquence les métiers et le commerce à ses esclaves, et, quand la faim le pressait, il s'amassait sur la place publique et demandait, de sa voix puissante et universelle, du pain. Alors on lui distribuait, sous le nom de gratification (1), des aumônes de trente, de quarante, de cent, de deux cents sesterces par homme : seize millions y passaient en un jour. Qu'importe ! Rome n'avait-elle pas vingt rois pour tributaires ? A peine l'argent touché, il allait dans ses tavernes, où, pour un as, il trouvait à se repaître, et, une fois repu, il revenait demander des spectacles. Alors on le rangeait aux deux côtés de la voie Triomphale, et l'on faisait passer devant lui Paul-Émile remontant le Tibre

(1) Congiaria.

sur la galère capitane du roi Persée, Pompée traînant
à sa suite le roi des Juifs, la sœur de Mithridate, la
mère de Tigrane, douze fils de rois, cent vingt satrapes
et deux cent quarante généraux ; César vêtu du costume de Jupiter très-bon et très-grand, les bras et la
figure couverts de vermillon, précédé de trois cents
enseignes conquises, et suivi de trois tableaux dont le
premier représentait *Lucius Scipion se jetant dans les
flots ;* le second, *Pétréius se poignardant au milieu
d'un repas*, et le troisième, *Caton d'Utique se déchi-
rant les entrailles.* Puis, lorsqu'il était las de voir passer en personne des rois captifs, et, en image, des républicains qui voulaient rester libres, on faisait venir
pour lui des éléphants de l'Inde, des crocodiles du Nil,
des serpents d'Afrique, des rhinocéros de Zahara, des
danseurs de Cadix, des gladiateurs des Gaules, des histrions d'Athènes. On ouvrait les cirques, les théâtres et
les naumachies, et, après avoir dépensé un milliard en
jeux ou en fêtes, César venait humblement demander
à ce peuple souverain s'il était satisfait et s'il voulait
bien le nommer pontife ou préteur.

Et il le nommait à toutes les charges auxquelles il

désirait être nommé ! c'est que César était à la fois le modèle de l'aristocratie et l'idole du peuple : nul homme peut-être n'a jamais été un type plus parfait de son temps.

Après avoir dit ce qu'était Rome, l'aristocratie et le peuple, disons donc ce qu'était César, et l'on aura une idée complète de ce qu'était cette époque, où il y avait si peu de place pour l'art, que l'on comprendra qu'elle ait dû amener sa complète décadence.

A l'heure où nous sommes arrivés, César a cinquante ou cinquante-cinq ans, la taille haute, les membres arrondis, le teint blanc, le nez aquilin, les lèvres grosses, les yeux noirs et vifs comme ceux d'un faucon, la barbe épilée avec soin, et la tête ceinte d'une couronne de laurier sauvage qui empêche de voir qu'il est chauve. Sur sa tunique, qui est faite d'une étoffe asiatique, brodée de palmes d'or, il porte la toge sénatoriale qu'on appelle le laticlave à cause du nœud de pourpre en forme de clou qui lui sert d'ornement. Contre l'habitude, ce vêtement chez lui est bordé d'une frange d'or qui lui descend jusqu'aux mains, et, contre l'habitude encore, ses mains ne portent d'autres bagues qu'un simple anneau de fer antique, récompense de la vertu guerrière ; enfin sa ceinture, au lieu de serrer le bas de sa taille, flotte libre et lâche, et ses brodequins d'écarlate sont fermés et retenus par leur croissant d'or. Quand il passe vêtu de ce costume, descendant vers le le portique de Pompée ou montant au Capitole, chacun s'écarte devant lui, lui livre passage et se met à sa suite comme à celle d'un empereur.

C'est que, comme nous l'avons dit, cet homme, c'est César, c'est-à-dire le type le plus parfait qui ait jamais existé ; la nature lui a accordé tous les accomplissements. Les autres hommes ont des défauts et des qualités ; lui, il a tous les vices et toutes les vertus ; si bien que l'on dit à la fois de lui : « C'est une femme, » et « C'est un héros ; » c'est le divin Jules, qui, par ses aïeux maternels, remonte à Ancus Marcius, quatrième roi de Rome, et, par ses aïeux paternels, à Vénus, déesse de la beauté ; c'est César l'homme aux quatre faces : César l'ambitieux, César le prodigue, César le voluptueux, et César le conquérant.

César l'ambitieux, qui, étant enfant, a rêvé qu'il violait sa mère, et en a auguré qu'il conquerrait le monde ; qui, à l'âge de vingt-cinq ans, pleurait devant la statue d'Alexandre, honteux de n'avoir rien fait encore à l'âge où celui qu'il s'était proposé pour modèle avait déjà conquis l'Asie et l'Inde ; qui préférait être le premier d'un pauvre village des Alpes que le second à Rome ; qui, grâce à son alliance avec Pompée et avec Pison, a pu, comme il l'a dit, marcher sur toutes les têtes, et qui a sans cesse à la bouche cette maxime , que, s'il est permis de violer les lois d'un pays, c'est pour se faire empereur !

César le prodigue, qui sans patrimoine, a acheté le pontificat, et le pontificat lui a coûté quatre millions ; qui a acheté le consulat, et le consulat lui a coûté six millions ; qui a acheté la questure, et la questure lui a coûté huit millions ; de sorte qu'arrêté par ses créanciers au moment où il allait partir pour l'Espagne, le riche Crassus a été obligé de répondre pour lui de vingt-cinq millions, la moitié de ses dettes à peu près, quoiqu'il eût, quelque temps auparavant, volé au Capitole trois mille livres pesant d'or en lingots, qu'il avait remplacées par du cuivre doré ; César le prodigue, qui partagea aux pauvres les champs hellatiens réservés

aux dieux, et les plaines de la Campanie réservées à la
République ; qui faisait aux fermiers de l'État la remise
d'un tiers de leur bail, et donnait à chacun de ses soldats un esclave et un quartier de terre ; qui, plus riche
et plus puissant que les rois, faisait des cadeaux aux
rois, envoyant aux uns dix mille captifs et aux autres
vingt millions ; qui, à propos de la mort de sa fille,
donna un combat de gladiateurs et un repas à tout le
peuple, ce que personne n'avait fait avant lui ; qui, à
l'occasion de ses victoires, fit célébrer des fêtes publiques
dans lesquelles on joua des comédies en cinq langues
différentes, des jeux dans lesquels les enfants des premières familles d'Asie et de Bithynie dansèrent la pyr-
rhique, des chasses pour lesquelles on fit descendre dans
le Cirque trois cents lions, trois cents tigres, quarante
éléphants et deux armées ; des naumachies dans lesquelles, sur un lac creusé à ses frais, des galères à
deux, trois et quatre rangs de rames se heurtèrent sous
les noms de flotte tyrienne et égyptienne ; enfin des
repas pour lesquels on dressa dans les rues et sur les
places vingt milles tables, trois fois renouvelées par
jour pendant cinq jours, et autour desquelles on ver-

sait le vin de Chio par amphores et le vin de Crète par tonneaux !

César le voluptueux, qui commença par être la maîtresse de Nicomède et qui finit par être l'amant d'Octavie ; qui fit raser une de ses maisons située dans le quartier des courtisanes afin de la faire rebâtir plus en harmonie avec les plaisirs auxquels elle était destinée ; qui portait avec lui, à la guerre, des parquets en marqueterie et des pavés en mosaïque ; qui attaqua la Grande-Bretagne dans l'espérance d'y trouver des perles plus grosses et plus blanches que celles d'Orient ; qui, dans les édits de Bibulus, son collègue, était qualifié du titre de reine de Bithynie, et qui répondit en riant à cette injure que Sémiramis s'était assise seule sur le trône assyrien, et que les Amazones avaient dominé une partie de l'Asie ; qui, mari de toutes les femmes et femme de tous les maris, avait eu pour maîtresses Posthumie, épouse de Servius Sulpicius ; Lottie, épouse d'Aulus Galbinius ; Tertullie, épouse de Crassus ; Mucie, épouse de Pompée ; Eunoé, épouse du roi more Bogude ; et qui, pour une nuit d'amour, avait donné à Servilie une perle de douze cent mille francs, et, pour

une nuit de plaisir, le royaume d'Égypte à Cléopâtre.

César le conquérant, qui, faisant ses premières
armes en Asie, a commencé par obtenir la couronne
civique au siége de Mitylène ; qui, passant en Espagne,
a soumis la Galice et la Lusitanie ; qui, franchissant
les Alpes et descendant dans les Gaules, a emporté de
force huit cents villes, subjugué trois cents peuples,
soumis toute la partie de notre France située entre le
Rhône et le Rhin, c'est-à-dire, au calcul de Suétone,
un circuit de trois millions deux cent mille pas ; qui,
n'ayant plus rien à faire sur le continent, traversa le
détroit et conquit l'Angleterre ; et qui, n'ayant plus rien
à faire hors de l'Italie, revint conquérir Rome, où il
triompha cinq fois pour avoir vaincu Arioviste, Caractacus, Arsinoé, Pharnace, Juba et enfin Pompée, qui avait
lui-même vaincu douze millions cent quatre-vingt mille
hommes, coulé à fond ou pris huit cent quarante-six
vaisseaux, reçu à composition quinze cent trente-huit
villes et soumis tout le pays qui s'étend depuis le lac
Maréotis jusqu'à la mer Rouge, ainsi que l'atteste l'inscription gravée dans le temple qu'à son retour de l'A-

sie le vainqueur de Tigrane, d'Artocès, de Darius, d'O-
rosa et d'Antiochus, avait élevé à Minerve.

Enfin César l'heureux, qui, au moment où il allait
peut-être gâter cette belle vie et perdre cette grande
popularité, trouva une vingtaine de fous comme Brutus et Cassius, pour lui épargner la honte d'un revers,
la souffrance d'une maladie et les infirmités de la vieillesse.

Voilà la ville, voilà le peuple, voilà les hommes qui
se sont constitués, de leur propre autorité, les héritiers
du monde ; et le monde, obéissant, a livré dans son
agonie tout ce qu'il possédait de riche, de beau et de
grand : ses trésors, ses tableaux, ses statues ; puis
Rome, comme le gouffre de Curtius, a tout englouti, et
va se refermer sur eux.

On comprend qu'au milieu d'une semblable vie,
d'une pareille agitation, d'une telle lutte, il était impossible à Rome de cultiver les arts : la vie politique
dévorait tout. On commençait par acheter l'édilité ; l'é-
dilité s'accordait, il est vrai, par l'élection ; mais elle
n'en coûtait que plus cher, car il fallait acheter les électeurs. En général, on y laissait son patrimoine ; mais

le premier pas était fait, et, en se ruinant, on avait agrandi son crédit. L'édilité était gratuite ; mais, si on n'y touchait rien, en revanche, on y dépensait beaucoup, car il fallait, au moins deux fois l'an, donner des jeux au peuple. Le peuple était-il mécontent, il tournait à un autre qui promettait plus que vous n'aviez donné, et il vous laissait sans patrimoine et sans crédit ; était-il content, il vous nommait préteur, c'est-à-dire roi : roi de la Grèce, roi de l'Égypte, roi de l'Espagne, roi de la Gaule ou roi de Syrie ; et plus que roi, car la province qu'il vous donnait ainsi, c'était votre province ; les temples des dieux, c'était à vous ; les palais des chefs, c'était à vous ; les maisons des citoyens, c'était à vous ; vous pouviez tout prendre, tout piller, tout emporter, sans que personne eût le plus petit mot à dire ; à moins que vous ne fussiez maladroit ou insolent comme Verrès, et que vous n'eussiez eu le malheur de tomber sur quelques diamants, or, argent, airain, statues, tableaux, bronze de Corinthe, tapis de Perse, vase murrhins. Alors vous faisiez trois parts : la part des dieux, la part du peuple, votre part. Ce que vous ne vouliez pas, vous le donniez aux dieux ; le peuple était un peu plus difficile : il lui fallait des bains et des cirques ; le tiers de ce que vous aviez volé y passait, mais il vous restait encore les deux tiers pour vous faire bâtir des maisons avec des bibliothèques, des galeries, des cabinets de curiosités. Alors, assis dans votre chaise d'ivoire, vous faisiez le Mécène, vous deveniez artiste au milieu des chefs-d'œuvre de l'art, et vous faisiez venir quelque pauvre sculpteur grec, non pas même pour qu'il fît devant vous une statue, mais pour qu'il cassât la tête de quelque chef-d'œuvre de Praxitèle ou de Phidias pour y substituer la vôtre.

Les commencements du règne d'Auguste achevèrent de ruiner l'art en Grèce ; car, quelques villes de l'Attique, de l'Élide et de l'Achaïe ayant pris le parti d'Antoine, et Antoine ayant été battu à Actium, ces villes perdirent leurs priviléges ; et Auguste, pour punir les Athéniens, leur ôta entre autres choses la ville d'Érétrie et l'île d'Égine. Tout ce qui restait d'artistes en Grèce quitta dès lors ce malheureux pays, et s'en vint chercher fortune à Rome.

Le moment était bon : tout le monde était las de guerre ; Pompée avait été assassiné en Égypte, Caton s'était ouvert les entrailles à Utique, Brutus avait péri sur le champ de bataille de Philippes, Antoine était mort de ses blessures dans la pyramide de Cléopâtre ; il ne restait plus rien de la vieille Rome ; Auguste demeurait seul et vainqueur ; il venait de fermer le temple de Janus, et, dans un beau moment d'enthousiasme, il avait dit : « J'ai reçu une Rome de brique, je laisserai une Rome de marbre ; » et, comme il avait prononcé ces paroles assez haut pour qu'elles fussent entendues de ses courtisans, ses courtisans s'étaient mis à l'œuvre : Asinius Pollion avait fait bâtir un sanctuaire à la Liberté ; Balbus, un théâtre ; Philippe, des murs ; et Agrippa, son Panthéon, dix ou vingt aqueducs, cent cinquante fontaines et cent soixante et dix bains.

Aussi y eut-il un moment de recrudescence pour l'art, comme parfois, au commencement de l'hiver, il y a des jours si doux, que, trompées à ces derniers rayons du soleil, quelques roses tardives sourient et fleurissent. Aussi Tite-Live, son contemporain, et Horace, son flatteur, appellent-ils Auguste, l'un le fondateur des temples, et l'autre le restaurateur des arts. En effet, outre les monuments qui furent élevés sous son

règne, Auguste fit tailler et fondre quelques belles statues;
entre autres, celles qu'il plaça dans son forum, et représentant les Romains qui avaient contribué à la gloire
de la patrie. Mais déjà le style de ces ouvrages commence à baisser étrangement, ainsi qu'on peut en juger
en comparant avec les ouvrages du temps d'Alexandre
et de Périclès la propre statue d'Auguste, qui le représente à l'âge de trente à trente-cinq ans, avec un gou-
vernail à ses pieds.

Quant à la peinture, elle jeta aussi une dernière
lueur : il y eut, entre autres peintres, un certain Timomaque de Byzance, qui avait fait, sous Jules César, un
Ajax et une *Médée*, connus par deux épigrammes, l'une
d'Ausone, et l'autre d'un auteur anonyme ; les deux tableaux furent payés par César quatre-vingts talents
attiques, deux cent mille livres à peu près de notre
monnaie, et placés par le dictateur dans le temple de
Vénus Génitrix. Timomaque fit encore un *Oreste,* une
Iphigénie en Tauride et une *Gorgone* qui passe pour
son chef-d'œuvre.

A Timomaque il faut joindre un certain Arellius,
son contemporain, qui ne s'était pas rendu moins cé-

lèbre par son libertinage que par ses talents, et à qui Pline reproche de prendre les modèles de ses déesses parmi les courtisanes de Rome ; et le peintre Amulius, lequel avait fait une *Minerve* qui regardait le spectateur de quelque côté qu'on l'envisageât ; et qui, aussi grave et aussi sévère que son confrère Arellius était libertin et léger, ne quittait jamais sa toge pour peindre, même lorsqu'il peignait des plafonds et qu'il était forcé de s'échafauder ; mais nous ne parlons de ce dernier que pour mémoire, car à peine était-il né sous Auguste.

Mais ce qui acheva de perdre la grande peinture fut le goût que prit l'empereur pour la peinture de genre en effet, il fut le premier, au dire de Pline, qui couvrit les murailles de ses appartements de marines, de paysages et de marchés. Grâce au goût qu'il avait manifesté, et que chacun s'empressa de suivre, on vit bientôt les murailles se couvrir, non-seulement à l'intérieur, mais encore à l'extérieur, de métairies, de portiques, de boulingrins, de bois, de bosquets, de viviers, de fleuves et de rivages, au gré de toutes les fantaisies, et embellis de promenades de toutes sortes ; il y avait des rivières avec des bateaux qui remontaient et qui des-

cendaient ; des grands chemins, avec des personnes de
toutes conditions qui s'en allaient à la campagne, sur
des ânes ou dans des voitures ; des pêcheurs qui
tiraient le poisson de l'eau avec tous les filets inventés
à cette époque ; des oiseleurs qui prenaient des oiseaux
au lacet et à la glu ; des vendangeurs cueillant le raisin, et des chasseurs poursuivant le gibier. Mais le
chef-d'œuvre du genre, la peinture en réputation de
l'époque, était une fresque représentant des hommes
qui, à l'entrée d'un village, font prix avec des femmes
pour les porter sur leurs épaules à travers une mare,
de sorte que, tandis que les uns marchandent encore,
on en voit d'autres chargés de leur fardeau féminin,
déjà dans l'eau jusqu'aux genoux, semblant prêts à
succomber sous le poids, et à tomber avec elles : situation qui excitait au plus haut degré l'hilarité de ceux
qui regardaient.

« Ah ! ce n'est pas ainsi, dit Pline, que nous apparaît
la vénérable antiquité ! Les grands maîtres que nous re-
grettons se seraient fait scrupule d'embellir ainsi des
murailles pour le plaisir égoïste d'un seul homme : il
leur fallait, à eux, des tableaux qui pussent porter leur

gloire vers toutes les parties du monde, et non des peintures captives et enchaînées qu'on ne pourrait pas même sauver en cas d'incendie; ou bien, s'ils peignaient ainsi, c'était pour l'ornement d'une ville entière, dans les temples de quelqu'un des grands dieux, ou sous des portiques destinés aux promenades d'un peuple; car alors le génie était en effet public, et un bien dont la nature généreuse voulait faire part à toute la terre. Protogène n'avait qu'une cabane, et on ne trouvait pas une seule peinture dans toute la maison d'Apelles. »

Et Pline avait raison de se lamenter ainsi sur la décadence de l'art; car Vitruve, l'architecte d'Auguste, trouvait déjà qu'on suivait dans les ornements ce goût dépravé dont nous retrouverons des exemples sous la lave d'Herculanum et sous les cendres de Pompéi.

En effet, Auguste n'était point une de ces grandes natures, miroirs des grandes choses; c'était plutôt un bourgeois qu'un empereur, et il y avait en lui beaucoup de la bonhomie spirituelle de Henri IV et des vertus de famille de Louis-Philippe; quant au courage, ce n'était pas son côté brillant.

Aussi fut-il fort effrayé lorsqu'on vint lui annoncer la mort de César, et qu'il eut appris de quoi se composait la succession qu'il avait tant ambitionnée. C'était un grand homme à continuer, une grande vengeance à poursuivre, un grand pouvoir à consolider. Puis, après tout cela, il y avait encore un testament qui l'inquiétait fort, attendu que ce testament était entre les mains d'Antoine, et que, sous certains rapports, Octave ne se fiait pas trop à son illustre ami le descendant d'Hercule.

Il n'en prit pas moins sa résolution ; car, si la partie était dangereuse, elle était belle, et, tout bourgeois qu'il était de cœur, Octave était ambitieux d'esprit. Il quitta donc Apollonie, où il étudiait, et vint à Rome, rassuré par cette idée que, n'ayant pris parti ni pour les républicains ni pour les impérialistes, l'avenir lui appartenait d'autant mieux qu'il n'était point obligé de rompre avec le passé. C'était la position de Napoléon au 13 vendémiaire.

Octave comprit tout d'abord que les premiers amis qu'il devait s'assurer étaient les soldats de son oncle, qui le connaissaient à peine, ou plutôt ne le connaissaient pas. Les vieilles légions des Gaules, d'Espagne et d'Égypte attendaient de leur côté avec impatience l'héritier du vainqueur de Caractacus, de Vercingétorix et de Pompée, et sans doute elles s'en étaient fait une idée à leur taille, lorsqu'elles virent venir à elles un écolier de vingt et un ans à peine, petit, pâle, boiteux, ayant peur du tonnerre, ayant peur du chaud, ayant peur du froid, portant un chapeau l'été, des bas l'hiver, et en tout temps une peau de veau marin, le plus efficace préservatif que l'on connût contre la foudre.

Le premier moment ne fut pas favorable à Octave : ses amis eurent beau dire aux vieux guerriers que leur futur maître était d'une des plus anciennes famille de Velletri; qu'à l'âge de quatre ans, tandis qu'il était en train de dîner dans un bois, un aigle avait enlevé le pain qu'il tenait à la main, était remonté vers le ciel et lui avait rapporté son pain tout mouillé de l'eau des nuages, ce qui était un augure suprême ; que cette taille de cinq pieds deux pouces, à laquelle il n'arrivait, il est vrai, qu'à l'aide des semelles épaisses de ses sandales, était juste celle d'Alexandre le Grand. Ils commençaient fort à murmurer déjà lorsque Octave, au lieu de leur parler de leurs vieilles victoires, parla du testament de César, des legs qu'il leur avait laissés, et annonça qu'il était venu tout d'abord pour acquitter cette partie de son testament. Les soldats trouvèrent que, s'il se présentait mal, il parlait bien, et ils résolurent d'attendre quelques jours encore pour fixer leur opinion sur lui.

Huit jours après, les légions criaient :

— Vive Octave !

Huit ans après, le monde entier criait :

— Vive Auguste !

Ce sont les grands caractères qui commencent les révolutions, ce sont les caractères patients et tenaces qui consolident les monarchies.

Octave était, au reste, bien l'homme de l'époque : ni trop grand ni trop petit ; ne choquant ni l'aristocratie ni le peuple ; ne s'appuyant ni sur un principe ni sur un parti ; marchant pas à pas, et ne posant le pied sur une idée que lorsqu'elle était devenue bien populaire. La chose était d'autant plus facile à Auguste qu'il n'était ni sanguin ni bilieux ; il avait les qualités négatives qui sont l'apanage des lymphathiques. Tout était chez lui le résultat du calcul et non d'une impulsion. Il fut cruel sans être méchant, clément sans être bon, et sobre parce qu'il avait un mauvais estomac.

Il traversa ainsi la vie, occupé à la fois de petites et de grandes choses, pacifiant l'Italie, restaurant la vieille Rome, passant le jour et la nuit à rendre la justice, mais ne sortant pas si, le matin, on lui présentait mal ses sandales, la gauche pour la droite, par exemple, ce qu'il tenait à mauvais présage ; alors, au lieu d'aller jouer aux osselets avec les enfants, ou porter témoignage pour un de ses vieux soldats d'Actium, il restait chez lui à voir filer ses filles, et à écrire à Tibère des lettres sans orthographe, dans lesquelles il l'invite à ne pas se laisser aller à la vivacité de son âge, et à ne pas trop s'irriter du mal qu'on dit des princes, trop heureux qu'ils sont quand on ne leur en fait pas ; ou dans lesquelles il lui raconte qu'il n'est pas de juif qui observe mieux le sabbat que lui, attendu qu'il n'a mangé que deux bouchées dans son bain après la première heure de la nuit, et avant de se faire parfumer.

Il avait vécu près de soixante et seize ans, dont il

avait régné cinquante, à peu près, lorsqu'un jour qu'il
était en train, au Champ de Mars, de s'acquitter, en face
de tout le peuple, des cérémonies qui accompagnent la
fin d'un lustre, un aigle vola plusieurs fois autour de
lui et, passant ensuite au faîte du temple voisin, se
percha au-dessus de la première lettre du nom d'Agrippa. Auguste vit dans cet événement un présage de
mort, et chargea Tibère, son collègue, de prononcer les
vœux que l'on avait coutume de faire pour le lustre
suivant, attendu, dit-il, qu'il était ridicule de commencer ce qu'on ne pouvait accomplir ; puis, voulant vivre
au moins pour lui les cent derniers jours que l'oracle
consulté lui accordait, il partit pour Astura, parcourut
la Campanie, s'arrêta quatre jours à Caprée, qu'à cette
époque on appelait encore l'Heureuse, et, se trouvant
plus mal, fut obligé de s'arrêter enfin à Nole. Là, sentant la mort s'approcher, il voulut mourir comme i
avait vécu, se fit apporter un miroir, se fit peigner les
cheveux, mit du rouge pour dissimuler même après sa
mort le creusement de ses joues, et, ayant rassemblé
ses amis autour de son lit, il leur demanda :

— Ai-je bien joué le rôle de la vie

Et, comme ils lui répondirent que oui :

— Alors, ajouta-t-il, battez des mains et applaudissez.

A peine avait-il dit, que la mort baissa le rideau, et que le plus grand comédien qui eût jamais existé rendit le dernier soupir. ·

Voilà Auguste. On comprend qu'un pareil homme devait préférer les tableaux de genre aux tableaux d'histoire, et la vue des paysages que chantait Virgile à la vue des grandes actions que peignaient Zeuxis, Parrhaius et Apelles.

A Auguste succéda Tibère. Celui-là du moins se dédommagea, dans la seconde partie de sa vie, de la contrainte hypocrite qu'il s'était imposée dans la première. Celui-là n'aimait pas les arts, et faisait peu bâtir ; car les statues, les tableaux et les monuments coûtent cher, et Tibère était avare ; le seul monument qu'il entreprit fut un temple à Auguste : aussi ne l'acheva-t-il point. Une fois seulement, il préféra un objet d'art à une somme d'argent : un citoyen lui ayant légué un tableau de Parrhasius qui représentait *Méléagre et Atalante,* avec liberté de recevoir à la place une somme d'un million de sesterces, c'est-à-dire cent quatre-vingt-dix-huit mille huit cents francs de notre monnaie, il préféra le tableau à la somme. Il est vrai que le tableau représentait une peinture obscène, et Tibère, au dire de Suétone, aimait fort ces tableaux à la fin de sa vie.

Cependant, sous le règne d'Auguste, était né dans un coin de la Judée, un enfant, et, sous le règne de Tibère, était mort à Jérusalem un homme dont la naissance et la mort devaient changer la face du monde. Ce prédestiné était le Christ.

A Tibère succéda Caligula; au tyran profond, le despote insensé. Celui-là ordonna que toutes les statues des grands hommes, placées dans le Champ de Mars par Auguste, fussent renversées et brisées. Il avait encore une autre manie, c'était celle de se faire apporter les plus belles statues grecques, de leur faire casser la tête et de mettre la sienne à la place. A cet effet, il avait envoyé en Grèce Memmius, le même dont il avait pris la femme, afin qu'il lui envoyât tout ce qu'il y restait de beau, et surtout la statue de Jupiter Olympien de Phidias. Heureusement, les architectes déclarèrent que le transport était impossible, attendu que, dans le trajet, la statue, qui, comme on le sait, était d'or et d'ivoire, se briserait en mille morceaux. Cette réponse contraria fort Caligula ; mais il se consola en faisant brûler tout ce qu'il put trouver d'exemplaires de l'*Iliade* et de l'*Odyssée* : il avait juré d'anéantir Homère !

Heureusement, celui-là ne vécut pas âge d'homme ; à vingt-neuf ans, Chéréas en fit justice ; il fut assassiné comme il sortait du cirque, où il venait de voir un combat de gladiateurs.

Puis vint Claude : celui-là, c'est autre chose ; il n'était pas méchant, il n'était pas fou, il n'était que distrait : ce qui lui donnait l'air stupide. L'empire vint le chercher malgré lui, on le conduisit de force sur le trône, on le fit empereur à son corps défendant ; sans cet accident, il fût resté un bon homme, aimant le jeu, les bouffons, les femmes et les gros dîners. Aussi est-il bafoué par tout le monde : par Narcisse, son affranchi, qui veille pour César tandis que l'on plaide devant César distrait ou César endormi ; bafoué par sa mère Antonie, qui l'appelait un monstre de nature, et qui, en réprimandant un esclave, lui disait : « Tu es plus bête que Claude ; » bafoué par Tibère, son oncle, à qui il avait demandé le consulat, et qui lui en envoyait les ornements sans le titre, avec quarante écus pour s'amuser pendant les fêtes de Saturne ; bafoué par ses camarades, qui, pendant qu'il dormait en ronflant après son repas, lui mettaient aux mains ses sandales, afin qu'en se réveillant il s'en frottât les yeux avec la semelle ; bafoué par ceux qu'il jugeait, et qui lui jetaient au visage leur stylet et leurs tablettes ; enfin bafoué jusque par le ciel, qui lui donna pour femme Messaline.

Au milieu de tout cela, Claude fait le savant ; il écrit des traités sur la langue grecque et sur la langue latine, et, ne pouvant inventer une lettre, il la retourne ; c'est Claude qui mit en vogue l'E renversé.

Puis, si l'on veut avoir une idée de son goût comme artiste, nous allons en donner une preuve. Son dieu, c'est Auguste ; au forum, au sénat, dans la vie publique, dans la vie privée, il ne parle que d'Auguste. Il a deux magnifiques tableaux grecs représentant deux traits de la vie d'Alexandre, des tableaux d'Apelles, peut-être ; il fait découper les têtes du conquérant de l'Asie, et leur fait substituer celles du pacificateur du monde.

La mort de Claude fut digne de sa vie, il fut empoisonné dans un plat de champignons ; et, comme l'agonie tardait, on le rempoisonna avec les barbes de la plume dont on lui chatouillait la gorge pour le faire vomir.

Néron monta sur le trône. Celui-là, ce fut tout le contraire ; il avait la prétention d'être artiste, et, sur quelques points, surtout en musique, il l'était réellement. Mais, malheureusement pour la peinture et pour la statuaire, il avait été élevé par Sénèque, qui excluait les peintres et les sculpteurs du cercle des arts libéraux ; aussi Néron fit-il dorer une belle statue de bronze d'Alexandre qu'il possédait, et qui était de la main de Lysippe. L'intention était bonne ; Néron était de cette époque où l'on croyait que le beau était le riche, et que le haut était le grand ; aussi commanda-t-il pour lui une statue de cent dix pieds de haut et un portrait de cent vingt. Peut-être dira-t-on, pour défendre le successeur de Claude, qu'il transportait partout avec lui la fameuse Amazone de Strongylion ; mais Pline prend soin de nous dire que cette faveur dont elle jouissait lui venait de la beauté toute particulière de ses jambes, beauté qui l'avait fait surnommer *Eucnémon*.

La fantaisie qu'il prit à Néron de faire bâtir une maison dorée fut le dernier coup porté à la Grèce, cette éternelle mine où les empereurs romains allaient chercher tout ce qu'ils avaient de beau : en conséquence, il y envoya un affranchi nommé Acratus, et un demi-savant appelé Secundus Carinas, qui, du seul temple d'Appollon de Delphes, tirèrent cinq cents statues de bronze, et des autres villes une foule de chefs-d'œuvre de marbre, parmi lesquels se trouvaient très-probablement l'*Apollon du Belvedère* et le *Gladiateur Borghèse*, qui furent trouvés tous deux à Antium, patrie de Néron.

On comprend que, lorsqu'on avait sous la main une pareille ressource, il était fort inutile de se donner la peine de faire peindre des tableaux ou de faire fondre des statues; d'autant plus plus que, grâce à la décadence dans laquelle l'art était tombé, la fonte ne réussissait pas toujours : témoin le fameux colosse de Xénodore, qui sortit du moule tout contrefait.

Aussi, ouvrons Pline au chapitre II du livre XXXV

de son *Histoire naturelle*, et écoutons comme il se plaint non-seulement de la décadence de l'art, mais encore du mépris dans lequel il est tombé :

« Autrefois, dit-il, c'était la peinture qui avait la gloire de transmettre aux descendants la figure des ancêtres ; aujourd'hui, tout est changé : on modèle sur des boucliers d'airain des simulacres d'argent qui n'ont jamais qu'une sourde ressemblance avec ceux qu'ils veulent représenter ; quant aux statues, on se contente d'en changer les têtes, et les épigrammes qui courent à ce sujet sont assez publiques. On aime mieux être regardé pour la matière que d'être reconnu par la ressemblance ; et cependant nos galeries sont pleines de portraits de nos ancêtres, et nous honorons encore la peinture dans les images des autres, tandis que nous la méprisons pour nous-mêmes ; si bien que nous n'attachons de prix qu'à celles qui sont d'une assez riche matière pour que nos héritiers les fassent fondre, ou qu'un voleur les enlève à l'aide d'un nœud coulant ; et c'est ainsi que le grand art de la peinture s'en va. »

Oui, en effet, et Pline avait raison ; oui, l'art païen s'en allait, mais il ne s'en allait pas seul ; il s'en allait

avec ses croyances, ses quatre-vingts empereurs et ses
six mille dieux ; il s'en allait fouetté par l'art chrétien,
encore invisible comme l'ange d'Héliodore ; il s'en allait trébuchant au milieu des orgies et des bûchers,
glissant dans le vin et dans le sang ; il s'en allait au
milieu de cet effroi prodigieux, de ce soupçon inces-
sant qui clouait Tibère à Caprée et chassait Néron de
Bauli. Un malaise inouï, une folie incroyable, un ver-
tige éternel atteignait ces hommes placés au faîte de la
société antique. C'est qu'ils n'avaient plus ni foi ni espoir : c'est qu'ils sentaient sur leur tête un olympe
vide, et sous leurs pieds des catacombes pleines.

C'est que Rome était arrivée à une de ces époques
mystérieuses, époques de transition pendant lesquelles s'accomplissent des choses inouïes qui, tout en
se rattachant au passé, préparent déjà l'avenir. Elle
commençait à éprouver, cette orgueilleuse qui allait
échanger bientôt sa couronne contre la tiare, ces fré-
missements mystérieux et étranges qui accompagnent
la naissance ou la chute des empires ; elle sentait tres-
saillir en elle l'enfant inconnu qu'elle devait bientôt
mettre au jour, et qui déjà s'agitait sourdement dans

ses vastes entrailles : c'est que, comme nous l'avons dit, au-dessous de cette civilisation supérieure et superficielle qui s'agitait à la surface de Rome, s'était glissé un principe nouveau, souterrain et invisible, portant avec lui la destruction et la reconstruction, la mort et la vie, les ténèbres et la lumière ; c'est que le christianisme naissant était le feu inconnu qui, échauffant cet immense creuset, y faisait bouillonner comme de l'or et comme du plomb les passions bonnes et mauvaises. Seulement, l'or se précipitait et le plomb restait à la surface : les catacombes étaient le récipient mystérieux où s'amassait le trésor de l'avenir.

Presque en même temps que Dieu nous conservait dans la cité souterraine les premiers vestiges de l'art chrétien, un accident merveilleux nous conservait les derniers échantillons de l'art grec. Tout semblait bouleversé dans la nature ; le Vésuve, qui se taisait depuis des siècles et que Strabon considérait comme éteint, se réveilla tout à coup : d'abord vers la cinquantième année de notre ère et sous le règne de Claude ; puis l'an 63, tandis que Néron chantait sur le théâtre de Naples, qu'il ne veut pas quitter, quelque chose qu'on lui dise, avant qu'il ait achevé son air ; enfin, en 79, première année du regne de Titus, l'éruption dura trois jours, le vent porta des cendres jusqu'en Égypte et en Syrie ; et, lorsque le calme fut de retour on s'aperçut que Rétine, Oplonte, Tegianum, Tauranie, Cose, Veseris, Stabies, Herculanum et Pompéi avaient disparu.

Ainsi à quelques pas l'un de l'autre, comme nous l'avons déjà dit, Dieu nous gardait les premiers essais de l'art chrétien et les derniers vestiges de l'art grec.

Titus régna deux ans seulement ; mais Suétone dit qu'en deux ans Titus fit plus pour l'art que n'avait fait Tibère en vingt-deux : il fit élever plusieurs monuments à Britannicus son ami ; entre autres, une statue d'ivoire. Il y avait à sa cour quelques artistes remarquables encore : témoin la tête colossale qui reste de lui et dont l'auteur est inconnu, et la *Julie* gravée par Évodus sur une aigue-marine.

Dans les moments où Domitien ne piquait point des mouches avec son épingle d'or, il faisait bâtir des temples ; mais, quelques précautions qu'il prît pour arriver à un heureux résultat, il était empêché par le point de décadence même où l'art était arrivé ; les colonnes de marbre pentélique qu'il avait fait travailler à Athènes furent gâtées par les ouvriers romains, qui les achevèrent, si bien, dit Plutarque, qu'elles y perdirent jusqu'à leur belle forme.

Au reste, il est diffiicile de retrouver des exemples de l'art sous Domitien, le sénat ayant fait briser ses statues.

Quant aux peintres, les derniers dont parle Pline furent Cornélius Pinus et Accius Priscus, qui peignirent le temple de l'Honneur et celui de la Vertu, rebâtis par l'empereur Vespasien.

En effet, à partir de cette époque, la peinture disparaît et livre la place à l'agonie de sa sœur la statuaire, qui, quoique son aînée, doit durer plus qu'elle, et qui, bien qu'elle l'ait précédée, doit encore lui survivre : forte de son origine immortelle, la pauvre fille de la Grèce se débat près de deux siècles, et les dernières lueurs qu'elle jette parfois, aussi brillantes que ses plus beaux rayons, éclairent le forum de Nerva, la statue de Métius, Épaphrodite, la colonne Trajane, l'arc de triomphe d'Ancône, la villa Adrien, les deux *Centaures* de marbre noir, la tête colossale d'*Antinoüs*, le *Méléagre du Belvédère*, la statue équestre de Marc-Aurèle, le rhéteur Aristide, enfin l'Hercule appelé l'*Hercule Commode*.

Ce furent là les derniers soupirs de l'art proprement dit : un an après Commode, arriva Septime Sévère. Qu'on jette un coup d'œil sur l'arc de triomphe bâti par lui, et qu'on n'exige pas que nous allions plus loin. De Marc-Aurèle à lui, il n'y a que douze ans; mais ces douze ans sont un abîme où tous les souvenirs du beau antique se sont engloutis.

Maintenant, au moment d'abandonner l'art antique pour l'art moderne, la forme païenne pour le sentiment chrétien, voyons d'où vient que les Égyptiens et les Étrusques furent si promptement dépassés par les Grecs, et pourquoi ceux-ci sont restés, et resteront probablement toujours, les maîtres de l'art.

Une des premières conditions pour reproduire le beau est de l'avoir devant les yeux ; or, sous ce rapport, les Égyptiens, ces premiers maîtres de l'art, n'étaient point, il faut en convenir, favorisés par la nature : comme chez les Chinois, chez les Hottentots et chez les Lapons, leurs hommes et leurs femmes avaient un caractère de figure unique ; de là l'absence de variété. Ces hommes étaient gros et lourds ; ces femmes, ces mères fécondes , étaient des vierges fort peu attrayantes, et les uns et les autres avaient ce teint basané qui leur a fait donner le nom d'Égyptiens, ou *brûlés par le soleil*. Ces beaux Égyptiens, dont parlent les deux satiriques latins, étaient des Égyptiens d'Alexandrie, c'est-à-dire des Grecs nés de parents grecs.

D'un autre coté, grâce à l'imagination ardente des peuples d'Orient, qui ont plus de tendance à chercher l'extraordinaire que le beau, les Égyptiens comme les Perses, au lieu de se faire des dieux à leur image et de tendre à élever la nature divine par la perfection des formes, se choisirent des dieux fantastiques et monstrueux : Osiris avait une tête d'épervier, Anubis avait un museau de chien, Isis avait des cornes au front, et les sphinx, ces étranges hermaphrodites du Nil, avaient, comme on le sait, la tête d'un homme, le sein d'une femme et les griffes d'un lion. Les Égyptiens n'avaient donc chance de trouver le beau ni sur leur terre ni dans leur ciel.

Ce n'était pas tout : de même qu'il était ordonné à leurs médecins de ne jamais s'écarter des recettes inscrites aux livres sacrés, il était prescrit aux ouvriers en peinture et en sculpture de ne jamais chercher un autre style que le vieux style : nous disons ouvriers et non point artistes, car c'étaient de véritables ouvriers, ceux-là qui se mettaient à tailler du porphyre et à barbouiller des tombeaux, non point par une inspiration de leur génie, mais parce que leurs pères en avaient fait autant avant eux. Quant aux progrès du côté de l'anatomie, il était bien convenu que ces malheureux manœuvres n'en pouvaient faire aucun, toute section d'un corps étant défendue ; les embaumeurs eux-mêmes, qui ne pouvaient pratiquer leur industrie qu'en faisant une incision sur le côté du mort, étaient, aussitôt l'opération terminée, poursuivis à coups de pierre et avec des cris et des malédictions par les parents et les amis de celui ou de celle qu'ils venaient d'embaumer (1).

Aussi, depuis les siècles inconnus où elle commença jusqu'au jour où les Ptolémées barrèrent le Nil avec leur nouvel empire, la peinture égyptienne n'a-t-elle

(1) Diodore de Sicile, Winkelmann.

fait que peu de progrès : ce sont toujours les mêmes figures roides et profilées, dénuées d'anatomie, de grâce et de pittoresque, avançant roidement un pied sur l'autre, quelquefois même peintes tout en bleu, comme le petit *Osiris* sur fond noir retrouvé à Herculanum.

Toutes ces choses s'opposaient donc, comme on le voit, à ce que les Égyptiens trouvassent le beau à la manière dont les Européens l'entendent.

Quant aux Étrusques, ils étaient dans des conditions meilleures, et firent des progrès plus rapides.

Après le siége de Troie, et tandis que la Grèce était troublée par ces mille petites guerres civiles qui suivirent la grande guerre asiatique, les Étrusques demeurèrent en paix ; aussi peut-on fixer à peine à dix ou onze siècles avant le Christ les commencements de la peinture chez eux ; en outre, leur gouvernement était démocratique ; les douze peuples qui formaient le corps de la nation s'assemblaient à des jours indiqués et avec des droits égaux ; ces droits des peuples, qui se répartissaient sur les individus, donnaient à chacun une idée de sa propre valeur, et c'est dans cette conviction de la liberté et du pouvoir individuel qu'est le germe de toutes les grandes choses.

Mais une raison s'opposait, chez les Étrusques, à ce que l'art dépassât une certaine limite : c'était le caractère guerrier et mélancolique de la nation ; comme chez les anciens Scandinaves, l'homme semblait, chez eux, fait pour la guerre, c'est-à-dire pour la destruction ; toutes leurs figures sont armées, et, sur les tombeaux eux-mêmes, symboles dans tous les pays du repos éternel, les bas-reliefs représentaient toujours quelques scène sanglante et mortelle. C'est qu'ils avaient inventé les premiers les combats sur les tombeaux, et qu'ils avaient cru faire un hommage à la mort par la mort même.

Aussi étaient-ils la terreur des peuples voisins : quand les Tarquins revinrent à Rome, à leur tête, en avant de l'armée, marchaient les prêtres armés de serpents et de torches allumées ; leurs oracles étaient les plus sombres, et leurs livres sacrés, au dire de Cicéron, remplissaient de terreur ceux qui les consultaient ; enfin, au lieu d'un seul Jupiter Tonnant, ils avaient neuf dieux lançant la foudre.

Et peut-être, malgré ces dispositions contraires au développement de l'art, les Étrusques fussent-ils arrivés, à force d'études, à atteindre, sinon le beau, du moins le grand, si cette prospérité qui suivit la guerre de Troie n'avait pas été interrompue par le voisinage des Romains. L'agression de Porsenna avait été injuste et violente : ils étaient venus attaquer le lionceau ; le lionceau se fit lion, et le lion les dévora. Après la mort d'Élius Volturrinus, tué à la bataille de Lucumo, c'est-à-dire vers la cent vingt-quatrième olympiade, l'an 474 de la fondation de Rome, l'Étrurie devint province romaine. Douze ans après, Marius Flavius Flaccus s'empara de Bolsène, la ville des artistes, et fit transporter, de cette seule ville à Rome, deux mille statues. Il arriva dès lors — les Étrusque transportés hors de l'Étrurie — ce qui devait arriver, presque en même temps, des Grecs transportés hors de la Grèce : l'art étrusque s'arrêta court, et entra dans sa décadence avant d'avoir atteint son apogée.

Il n'en fut point ainsi des Grecs ; plus favorisés que leurs aînés sous le rapport du ciel et de la terre, habitant un climat que Minerve elle-même avait choisi comme le plus doux et le plus tempéré qu'elle eût trouvé dans le monde, il se trouvèrent tout d'abord placés dans ce milieu favorable à tous les développements : l'art est comme les fleurs, il ne peut éclore que dans certains climats et sous une certaine température ; les Lapons et les Hottentots n'ont ni arts ni fleurs.

En Grèce, au contraire, au dire d'Hérodote, régnait une température mixte entre l'hiver et l'été ; Athènes et Corinthe, situées toutes deux dans la plus belle situation du monde, étaient entourées d'un air limpide, qui permettait à l'œil, même à des distances considérables, de saisir, sans être gêné par le brouillard du Nord ou les éblouissements du Midi, la proportion exacte des objets. Aussi le beau fut-il constamment le dieu qu'adorèrent les Grecs.

En effet, chez les Grecs, l'homme devenait divin dès qu'il était beau ; les prêtres de Jupiter Adolescent, ceux d'Apollon, ceux de Mercure étaient choisis parmi les jeunes gens qui avaient remporté le prix de la beauté ; les habitants d'Égeste, en Sicile, avaient fait élever un temple à un Crotoniate, nommé Philippe, parce qu'il était le plus bel homme qu'ils eussent jamais vu. Un des quatre souhaits que faisait, dans une vieille chanson grecque, Simonide à ses amis, était d'avoir une belle figure (1). A Sparte, les femmes conservaient dans leur chambre à coucher des statues de Narcisse, d'Hyacinthe et de Castor et Pollux, pour avoir de beaux enfants. Démétrius de Phalère avait été surnommé par les Athéniens Charitoblépharos (2). Enfin, la laideur et la vieillesse étaient tellement odieuses aux Grecs, que, chez eux, les Parques étaient jeunes, les Euménides étaient belles, et que Minerve, la déesse de la sagesse, c'est-à-dire de toutes les divinités, celle à qui il était le moins permis d'être coquette, jeta sa flûte dans le fleuve aussitôt qu'une nymphe lui eût dit que jouer de cet instrument lui déformait le visage.

Il y avait plus : comme, pour poser d'avance des bases positives à la beauté, les artistes grecs avaient établi des degrés de l'homme au dieu, afin que l'on pût sûrement monter de la terre au ciel, et redescendre du ciel sur la terre ; cette grande échelle angélique que

(1) Les trois autres étaient d'avoir une bonne santé, de posséder des richesses bien acquises, et de se livrer à la joie avec des amis.

(2) Sur les paupières duquel siégent les grâces.

Jacob, endormi sur la pierre de Bethel, n'avait vue qu'en songe, ils l'avaient publiquement dressée pour escalader l'Olympe. Télèphe était le type de l'enfant, Ganymède le type de l'adolescent, Méléagre le type du jeune homme, Jason le type du héros, Castor et Pollux les types du demi-dieu, Apollon le type du dieu ; de même qu'en redescendant de l'autre côté de l'échelle, on trouvait Vénus d'abord, puis successivement les Grâces, les Muses, les Naïades, les Nymphes, et Psyché, type gracieux de la femme, comme Vénus était le type sublime de la déesse. Ainsi le peintre ni le statuaire ne pouvaient s'égarer, ils tenaient en main le fil d'A-riane, et ce fil les conduisait tout droit de la beauté humaine à la beauté céleste, en leur montrant les unes après les autres toutes les beautés intermé-diaires.

Les Grecs avaient encore compris que la beauté n'est point une, et que plusieurs expressions de la beauté sont belles : ils avaient, en conséquence, reconnu l'impossibilité de fondre toutes les beautés en une seule, et avaient créé des types différents ; ainsi Vénus était la beauté voluptueuse, Junon la beauté fière, Diane la beauté chaste, Minerve la beauté sévère, Hébé la beauté ingénue, et les Muses la beauté expressive.

Enfin ils avaient été plus loin encore ; et, pour reculer la beauté au delà de la nature, au delà des croyances, au delà du possible, ils avaient créé l'hermaphrodite, afin de réunir, de mêler, de fondre ensemble les beautés réunies de l'homme et de la femme, de la déesse et du dieu.

Aussi les Grecs furent-ils les rois du beau, et, étant les rois du beau, demeurèrent-ils les princes de l'art.

Mais, comme tout ce qui est humain, l'art grec accomplit sa période ; période brillante, lumineuse, magistrale. Nous l'avons accompagné dans son vol, nous l'avons salué à son apogée, nous sommes redescendus avec lui sur la terre, nous l'avons vu se diviser, s'éloigner, se perdre ; laissons-le donc enfoui avec ses statues, ses tableaux et ses médailles, jusqu'à ce que Nicolas de Pise le retrouve sur le sarcophage de la comtesse Mathilde, et passons à l'art chrétien qui doit lui succéder, mais qui ne doit pas l'atteindre.

Cependant, malgré les avertissements écrits par la

main de Dieu sur les murs du festin, le monde païen
continuait son immense orgie : c'est que ces torrents
de nations qui s'étaient jetés dans le grand fleuve romain y avaient charrié plus de limon que d'eau pure ;
c'est que l'empire, en héritant des arts, de la science
et des richesses des peuples, avait aussi hérité de leurs
vices : la corruption était entrée dans les cours, la dé-
bauche dans les villes, la mollesse dans les camps. Enfants dégénérés de leurs ancêtres, les hommes suaient
sous le poids de manteaux si légers, que le vent les
soulevait ; filles dégénérées de leurs mères, les femmes
passaient leurs journées aux bains et en sortaient voi-
lées pour entrer dans des maisons infâmes ; fils dégénérés de leurs aïeux, les soldats sans cuirasse, couchés
sous des tentes peintes, buvaient dans des coupes plus
lourdes que leurs épées. Tout était devenu vénal, conscience des citoyens, faveurs des épouses, services des
guerriers ; la morale jeune et pure de l'Évangile n'eût
point été comprise de ce monde usé et corrompu ; la
race primitive, arrivée au sacrilége, avait été détruite
par les eaux ; la race secondaire, arrivée à la corruption, devait être détruite par le fer et par le feu. Dieu

se révèle à Constantin ; Constantin prépare à la hâte son arche sainte, quitte Rome, aborde à Byzance avec la semence de chaque art, comme Noé avait abordé au mont Ararat avec le germe de chaque race ; et, comme Dieu avait ouvert les cataractes du ciel, il lâcha sur le monde les écluses de la terre.

Alors, du fond de contrées inconnues, que l'on croyait les unes désertes, les autres fabuleuses, au nord, au midi, à l'orient, se lèvent à grand bruit des hordes innombrables de barbares qui se ruent à travers le monde, les uns à pied, les autres à cheval, ceux-ci sur des chameaux, ceux-là sur des chars traînés par des cerfs. Les fleuves les charrient sur leurs boucliers, la mer les apporte sur leurs barques ; ils vont chassant devant eux les populations étonnées et soumises, comme les bergers chassent les troupeaux avec le bois de la houlette, et renversent nations sur nations ; car Dieu a dit : « Je mêlerai les peuples du monde comme l'ouragan mêle la poussière de la terre, afin que, de leur choc, les étincelles de la foi chrétienne jaillissent sur toutes les parties du globe, afin que, non-seulement les temps, mais encore les souvenirs des temps soient abolis, et que toutes choses soient faites nouvelles. »

Et il fut fait comme Dieu avait dit. Attila, Alaric et Genseric se partagèrent le monde ; l'un marcha sur Lutèce, l'autre sur Rome, l'autre sur Carthage. Et, comme la lave du Vésuve avait recouvert Herculanum. Stabies et Pompéi, la lave de la barbarie recouvrit les nations.

Puis, lorsqu'eurent passé ces hommes qui, dans leur instinct sauvage devançant le jugement du monde, s'apppelaient eux-mèmes le marteau de l'univers, ou le fléau de Dieu ; lorsque le vent eut emporté la poussière que soulevait la marche de leurs armées, lorsque la fumée de tant de villes incendiées fut remontée aux cieux ; lorsque les vapeurs sanglantes qui s'élevaient de tant de champs de bataille furent retombées sur la terre en rosée fécondante, quand l'œil enfin put distinguer quelque chose au milieu de cet immense chaos, il aperçut des peuples jeunes et renouvelés se pressant autour de quelques vieillards qui tenaient d'une main l'Évangile et de l'autre la croix.

Ces vieillards, c'étaient les Pères de l'Église.

Ces peuples, c'étaient les Francs, les Burgundes et les

Visigoths se partageant la Gaule ; c'étaient les Ostro-
goths, les Longobards et les Gépides se répandant en
Italie ; c'étaient les Alains, les Vandales s'emparant de
l'Espagne ; c'étaient enfin les Pictes, les Scots et les
Anglo-Saxons se disputant l'Angleterre.

Puis, de place en place, quelques colonies de vieux
Romains, espèces de colonnes antiques plantées par la
civilisation, et demeurées debout au milieu de la barbarie.

Maintenant, voyons ce qu'était devenu l'art au milieu
de cette grande catastrophe.

Le départ de Constantin pour Byzance, où il avait emmené avec lui tout ce qui restait de peintres grecs, avait
laissé Rome libre de suivre la voie chrétienne dans laquelle ses artistes naissants étaient entrés. A peine sortis des catacombes, où dans l'obscurité et le secret ils
avaient, avec la pointe d'un couteau, tracé sur les murs
funéraires des représentations informes et symboliques
de leur croyance nouvelle, ils se trouvaient devenus
tout à coup de persécutés triomphateurs, en face des
vastes basiliques qui s'élevaient à Constantinople et à
Rome en l'honneur de ce Dieu qui, la veille encore, avait

ses martyrs. Mais plus le changement était grand, plus la lumière était vive, et plus les artistes nouveaux, guidés par la foi, plus encore que par le talent, se mirent ardemment à l'œuvre ; et ce fut alors qu'on vit succéder à la peinture allégorico-biblique des catacombes qui promettait la résurrection, la peinture triomphale qui annonçait que l'heure de cette résurrection était enfin arrivée. En effet, qu'on interroge la peinture des catacombes, partout c'est l'allégorie, c'est-à-dire l'espérance. Jonas sort du ventre de la baleine, Lazare se lève de sa tombe, la colombe rentre dans l'arche, le phénix renaît de sa cendre, le prophète Élie monte dans son char de feu, le bon pasteur ramène au bercail la brebis égarée. Qu'on interroge les basiliques, partout c'est la réalité, c'est-à-dire le triomphe. Jésus trône dans sa gloire, Jésus couronne sa mère, Jésus redescend sur la terre appuyé sur saint Pierre et sur saint Paul, ces deux colonnes vivantes de sa primitive Église.

Alors éclate le schisme qui va séparer l'art grec de l'art romain. Avant de discuter sur la forme immatérielle du Christ, on va disputer sa forme visible ; Tertulien, saint Cyrille et saint Justin disent que, par humilité, le Christ a revêtu une apparence abjecte, tandis que saint Jean-Chrysostome et saint Grégoire de Nysse prétendent au contraire que le Christ n'a voilé sa beauté divine, qu'autant qu'il était nécessaire pour ne pas éblouir les yeux des hommes. La dispute dura cinq siècles et ne fut tranchée en Occident que lorsqu'en s'appuyant sur l'autorité de saint Ambroise, de saint Augustin et de saint Jérôme, le pape Adrien 1er, élu en 772, décida que Jésus, comme un second Adam, était le modèle des formes accomplies.

Mais, depuis longtemps, les peintres avaient pris parti dans cette grande querelle : les Grecs, c'est-à-dire les Orientaux, pour Tertullien, saint Justin et saint Cyrille ; les Romains, c'est-à-dire les Occidentaux, pour saint Chrysostome et saint Grégoire de Nysse. Il en résulta deux types bien différents, bien séparés, bien distincts ; car, tandis que les artistes romains cherchaient le beau, espérant monter jusqu'à la Divinité, les artistes grecs cherchaient le laid, espérant descendre jusqu'à elle.

Ainsi, tandis que, dans le cimetière de Saint-Calixte, l'image du Christ, une des plus anciennes qui soient sorties du pinceau chrétien, représente un homme de

trente à trente-cinq ans, au visage ovale, à la physionomie douce et mélancolique, aux longs cheveux partagés
sur le haut de la tête et retombant sur les épaules, les
basiliques grecques nous offrent le portrait du Sauveur
sous la forme d'un homme sans âge, amaigri, avec une
barbe longue et avec le teint cadavéreux : type de laideur que les Byzantins n'ont jamais voulu embellir,
abîme de dégradation d'où ils ne sont jamais sortis.

Il en fut de même pour Marie : les chrétiens occidentaux en firent une jeune et belle vierge, les chrétiens orientaux en firent une vieille et noire matrone.

Ainsi il est facile, même dans ces temps d'obscurité
de reconnaître les deux écoles : chaque fois que se présente une madone au teint noirâtre, aux mains amai-
gries, aux doigts démesurés, tenant dans ses bras quelque enfant aussi laid qu'elle; chaque fois que se présente un Christ en croix, informe, maigre et noir
comme une momie, avec des flots de sang sortant de
ses blessures, c'est l'œuvre d'un artiste grec; chaque
fois, au contraire, qu'on rencontre l'une ou l'autre de
ces images saintes, où l'artiste, a essayé de peindre une
belle vierge pleine de douleur ou un beau jeune homme

plein de résignation, c'est l'œuvre d'un artiste romain : nous disons romain, bien entendu, sans circonscrire ce mot dans les murailles d'une ville, mais seulement dans les limites d'une école.

C'est à cette école qu'il faut rattacher les peintures dont le pape Léon Ier, contemporain de Valentinien III, fit couvrir une des murailles de la basilique de Saint-Paul, et qui représentent la série des papes depuis saint Pierre jusqu'à lui, c'est-à-dire une collection de quarante-six portraits ; et celle que Jean Ier, Félix IV et Jean III firent exécuter dans les catacombes, devenues la sepulture ordinaire des pontifes romains, et qui remontent, les unes à l'an 450, et les autres à la moitié du vi^e siècle.

Ce fut malheureusemeut vers cette époque que Justinien reconquit l'Italie. Tout conquérant impose ses lois, ses dogmes et jusqu'à ses hérésies. Justinien ramena avec lui à Rome les descendants de ces artistes grecs que Constantin avait emmenés à Byzance ; et, par l'influence qu'ils reprirent, si l'art italien ne fut pas étouffé, son progrès au moins fut suspendu par la lutte qu'il eut à soutenir contre la décadence grecque. Depuis deux siècles, il soutenait la lutte ; puis, au bout de cette période, Léon l'Isaurien monta sur le trône.

Léon l'Isaurien étaient contemporain de ce Jézid qui venait de détruire toutes les statues en Syrie. Sans éducation aucune, ayant passé une partie de sa jeunesse avec les Juifs et avec les Arabes, le nouvel empereur avait pris d'eux la haine des images, dont il regardait le culte comme une idolâtrie ; en conséquence, après avoir commencé la destruction sur un crucifix qu'il trouva dans le vestibule de son palais, il envoya, dans toutes les provinces de son empire, dans toutes les îles de l'Archipel, des soldats chargés de brûler tous les tableaux et de briser toutes les statues qu'ils trouveraient dans les églises et dans les couvents, avec ordre d'arracher la barbe et de crever les yeux aux moines qui essayeraient de s'opposer à cette exécution.

Quelques moines fugitifs arrivèrent à Rome et racontèrent ce qui se passait dans la partie orientale de l'empire : à peine si on pouvait les croire, lorsque parvinrent à Rome les édits de Léon. Ces édits ordonnaient la destruction des images, et menaçaient, s'ils n'étaient exécutés, les récalcitrants de toute la colère de l'empereur.

Mais, en s'éloignant du lieu d'où elles partaient, les menaces de l'empereur perdaient de leur puissance : les Romains, les grands adorateurs de la forme, se révoltèrent contre Constantinople; chacun courut aux armes, comme aux beaux jours de la République; une espèce de croisade stationnaire s'organisa ; et, pendant ce temps, comme, en attendant l'escadre et l'armée qu'on lui disait parties de Constantinople pour appuyer les volontés de Léon, le peuple n'avait rien à faire, il s'amusa à briser les statues de l'Iconoclaste.

Heureusement pour l'art, toutes ces persécutions n'aboutirent qu'à détacher Rome de Constantinople : tous les efforts des empereurs inconoclastes échouèrent contre la résistance des Occidentaux. Naples seule prit le parti de l'empire, et elle en fut punie par l'empreinte ineffaçable que les Byzantins laissèrent chez elle, et qui eut pour résultat peut-être de la laisser sans école au milieu des écoles de Pise, de Sienne, de Rome, de Florence, de Bologne et de Venise.

Cependant peu s'en fallut que le même effet ne fût

produit par l'hospitalité que les Romains donnèrent aux Grecs fugitifs, qui vinrent renforcer les Grecs conquérants restés en Italie depuis Justinien : des couvents tout entiers avaient émigré, et, comme c'était à cette époque dans les couvents que s'étaient réfugiés la littérature, les sciences et les arts, l'influence des peintres grecs s'accrut au point que sans doute Adrien, effrayé par les productions monstrueuses qui sortaient de leur pinceau, rendit pour les combattre la déclaration que nous avons déjà citée, c'est-à-dire que le Christ était le modèle de toute perfection.

Mais, pendant que Rome et Byzance luttaient ainsi pour savoir ce qui l'emporterait de la beauté et de la laideur, de l'art romain ou de l'art grec, un troisième art s'était fait jour à travers cette couche de barbarie qui avait recouvert l'Allemagne, la France et la Lombardie ; c'était, si l'on peut l'appeler ainsi, l'art gallo-germanique.

Celui-là, né dans l'ignorance complète des chefs-d'œuvre de l'antiquité aux premiers rayons de la religion chrétienne, devait se développer dans sa force et dans sa liberté septentrionales : c'est ce qu'il fit, et les

premières traces qu'il imprima, traces effacées aujour-
d'hui et dont il ne reste plus souvenir que dans l'histoire, furent les peintures que Théodore, roi des Goths,
ordonna d'exécuter sous les portiques et dans les palais
bâtis par ses ordres à Pavie, à Ravenne et à Monza. En
leur succédant, les Lombards trouvèrent ces peintures
comme des modèles à suivre, et, tout arien qu'il était,
Astolphe, leur roi, récompensa, dit l'histoire, un peintre nommé Aripert, qui avait peint à fresque les murailles de son palais ; de plus, la reine Théodelinde fit
peindre sur les murs de Monza les principaux traits de
l'histoire des Lombards. Ce fut aussi vers cette époque
que les peintures de l'église de Saint-Nazaire de Vérone
furent exécutées ; et, selon toutes les probabilités, ces
peintures appartenaient à l'école lombarde, c'est-à-dire
à l'art germanique. Cependant cet art, tout individuel
qu'il est, n'acquiert d'importance réelle qu'à partir du
siècle qui s'ouvre par le couronnement de Charlemagne :
c'est qu'alors ils ne se circonscrit plus dans les Gaules,
où, au dire de Fortunatus, la palme était remportée
par les nationaux sur les ultramontains, et où Grégoire
de Tours et ses contemporains l'employaient à orner

les églises de Saint-Perpetuus, les basiliques de Tou-
louse, de Saintes, de Bordeaux, et de Saint-Germain-
des-Prés, ni dans la Lombardie, où il a décoré tour à
tour les palais des rois goths et de leurs successeurs ;
mais il se présente à Rome avec Charlemagne, et, pour
y acquérir son droit de bourgeoisie, il vient exécuter la
grande mosaïque du palais de Latran et imprimer aux
figures du Christ, de saint Pierre et de saint Paul, ce
caractère primitif de l'art chrétien que commençaient
à oublier les Romains et que n'avaient jamais connu
les Grecs.

Malheureusement, ce monument est le seul qui reste
des réparations ordonnées par Adrien Ier et des fonda-
tions exécutées par Léon III : les travaux du même
genre exécutés sous le portique de Sainte-Suzanne et
dans l'église de Sainte-Croix de Jérusalem ont été remplacés par les fresques du Pinturiccio.

Mais, à défaut de ces peintures que Charlemagne
faisait exécuter dans son oratoire, à l'aide des contribu-
tions levées à cet effet, et dont lui-même détermine le
chiffre dans ses Capitulaires, à défaut de celles qu'il invitait Offa, l'un des rois de l'heptarchie, à faire exé-

cuter à son exemple dans les églises d'Angleterre ; à défaut enfin de celles qu'il ordonnait à ses missionnaires de faire exécuter encore en Saxe et en Germanie, afin qu'ils parlassent à la fois aux yeux et aux oreilles des hérétiques, restent la Bible latine conservée dans le cloître de Saint-Calixte à Rome, le Psautier de la bibliothèque de Vienne, les deux Bibles de Charles le Chauve, dont l'une est à Munich et l'autre à Paris, et enfin le Bénédictionnal de Godemann, évêque de Winchester, chef-d'œuvre de calligraphie et de miniature, qui est aujourd'hui la propriété du duc de Devonshire.

Mais alors il y a, dans les trois branches de l'art que nous avons successivement décrites, un temps d'arrêt pendant lequel chacun attend le résultat des prédictions qui annoncent pour l'an 1000 la fin du monde : toute la fin du xe siècle s'écoule en prières et en pèlerinages ; de toutes parts, on interrompt les travaux commencés, tant est grande la certitude que le présent n'a point d'avenir et que, si on continuait de travailler, l'on travaillerait pour le néant. Enfin l'année fatale passe, le ciel couvert de nuages s'éclaircit : c'est toujours la même nuit, mais c'est une nuit où brillent des étoiles.

Le xɪᵉ siècle retrouve les trois écoles, le pinceau à la main. L'école gallo-germanique s'est fixée à Saint-Gall : c'est là que les traditions laissées par les deux peintres calligraphes Modestus et Sintrame sont recueillies par e moine Notker, peintre et poëte ; par le moine Tutilon, peintre, poëte, ciseleur, musicien et statuaire ; et enfin par le moine Jean, que l'empereur Othon III fit venir à Aix-la-Chapelle pour y peindre une chapelle, travail dont il se tira avec un tel succès, que, ne connaissant pas de récompense pécuniaire qui pût payer un pareil chef-d'œuvre, l'empereur le fit évêque de Liége.

Quant à l'école romaine, elle est de son côté à l'œuvre en l'année 1011 : ses élèves peignent, à la voix de Sergius IV, l'église d'Urbin, et, à cette heure, il est encore possible de distinguer sur ses murs quelques scènes tirées de l'Évangile et quelques compositions fournies par la légende de sainte Cécile; son caractère est bien particulier, les figures n'ont rien du costume oriental, les draperies y sont traitées avec une certaine mollesse ; aussi Lanzi n'hésite-t-il pas à l'attribuer au pinceau italien.

Quant aux Grecs, ils sont occupés à exécuter les mosaïques de Saint-Marc de Venise, de Saint-Jean de Florence et du baptistère de Pise.

Au milieu de ces trois écoles, — dont l'une par son progrès, et l'autre par sa décadence, nous entraîneraient trop loin, — nous suivrons dans son développement l'école italienne ; car c'est celle qui doit effacer toutes les autres par la lumière qu'elle répandra sur le monde.

Dieu a mis six jours à faire la Genèse, l'Italie a mis six siècles à accomplir la sienne. L'Italie est la terre privilégiée du ciel : la Grèce a eu le siècle 'e Périclès, la France aura le siècle de Louis XIV : l'Italie seule comptera trois âges, le siècle des Étrusques, le siècle d'Octave, et le siècle de Léon X.

Les peintures souterraines du dôme d'Aquilée succèdent, en 1030, aux peintures de l'église d'Urbin ; le chœur de la même église en renfermait d'autres qui furent recouvertes en 1733, mais dont les dessins existent : elle représentent, entre autres choses, les portraits du patriarche Popone, de l'empereur Conrad et de son fils Henri.

La *Notre-Dame* de Fiésoles est de la fin du même siècle, ou tout au plus du commencement du siècle suivant ; malheureusement, le visage de Notre-Dame en est retouché, mais les deux autres portraits qui se trouvent près d'elle sont mieux conservés.

Puis vient l'église Sainte-Marie-l'Ancienne à Orvieto, avec ses peintures de 1199, ainsi que ces mille images de Notre-Dame attribuées à saint Luc ; mais tout cela, dit Lanzi, est d'une médiocrité qui fait de l'exécution, non un art, mais un mécanisme, lequel glorifie peut-être la religion, mais défigure certainement la nature.

MASACCIO DE SAN-GIOVANNI

C'est l'habitude de la nature, dit Vasari, lorsque, dans un moment d'amour, elle forme un homme qui doit exceller dans un art quelconque, de préparer en quelque sorte sa venue, en l'entourant d'autres hommes qui peuvent faire valoir ses qualités par les exemples qu'ils lui donnent, ou par l'émulation qu'ils lui inspirent : et voilà pourquoi, après avoir créé Philippe Brunellesco, Donatello, Laurent Ghiberti, Paul Uccello et frère Angélique de Fiésoles, elle mit au jour Masaccio.

Celui pour lequel, dans sa prévoyance maternelle, la nature avait pris la peine de faire un si magnifique entourage, naquit au commencement du XVe siècle à *Castello-di-San-Giovanni in Val-d'Arno*, petit village situé à dix-huit milles de Florence, où, du temps de Vasari, on voyait encore des dessins qu'il avait faits dans sa première jeunesse. Comme toutes les personnes préoccupées d'une seule idée, il était d'une distraction étrange, marchant vers son but sans voir ce qui se passait autour de lui, pensant à peine à s'habiller, tant il était préoccupé sans cesse des choses de l'art. Ce qui fit que, de Thomas, qui était son nom, selon l'habitude italienne, on fit Masaccio : non point qu'il fût méchant, c'était, au contraire, la bonté en personne ; non point qu'il fût laid, car, au contraire encore, il joignait à d'assez beaux traits cet air de mélancolie qu'on remarque presque toujours empreint sur le visage de ceux qui doivent mourir jeunes ; mais parce qu'il était si négligé, qu'on voulait lui faire une honte de ce peu de soin qu'il avait de lui-même.

Ses premières études, quoique ce fussent les produits d'un art différent du sien, eurent pour objet les œuvres de Brunellesco, de Donatello et de Laurent Ghiberti, que sa jeunesse trouva tous les trois dans leur virilité ; puis, après eux, il prit de Dello ses études du nu, et de Paul Uccello ses travaux sur la perspective. Seulement, en homme de génie qu'il était, il trouva du premier coup les derniers mots de chacun de ces deux arts que les autres avaient inutilement cherchés.

En effet, dès les premiers essais de Masaccio, on s'aperçut que l'art avait fait un grand pas ; car tous les progrès exécutés par Brunellesco, Donatello et Ghiberti dans la statuaire, Masaccio venait de les appliquer à la peinture ; de sorte que, d'un seul bond, il avait laissé un abîme entre lui et ses devanciers.

Un des premiers tableaux de Masaccio fut *le Christ délivrant un possédé,* dans lequel, outre le mérite des figures, il y avait, pour l'époque, une étude merveilleuse de la perspective : tableau qui, du temps de Vasari, appartenait à Ridolfo Ghirlandaïo. Mais le mérite de ce tableau fut bientôt effacé par un autre représentant une *Annonciation ;* en effet, la scène se passait dans un palais soutenu par un double rang de colonnes, et non-seulement ces colonnes fuyaient par la combinaison des lignes, mais encore par une si habile dégradation de la couleur, que l'art dans son époque la plus florissante ne fit rien de plus complet sous ce rapport.

En outre, il avait peint, à Sainte-Marie-Nouvelle, une *Trinité* qui, vers la fin du xvie siècle, était encore sur l'autel Saint-Ignace, mais qui s'est perdue depuis ; à l'église de Sainte-Marie-Majeure, une *Notre-Dame* avec une *Sainte Catherine* et un *Saint Julien,* une *Vie de Sainte Catherine,* une *Nativité du Christ* et un *Saint Julien* qui tue son père et sa mère ; à la chapelle des Carmes de Pise, une *Notre-Dame avec l'Enfant Jésus dans ses bras,* et aux pieds de la Madone, quelques an-

ges qui jouent des instruments, parmi lesquels il en
était un qui jouait du luth et qu'on voyait, tout en
jouant, prêter l'oreille à l'harmonie du son qui naissait sous ses doigts ; — puis des histoires de la vie
de saint Pierre, de saint Jean-Baptiste et de saint Nicolas ; — puis les *Trois Rois Mages*, avec une suite de
serviteurs à pied et de soldats à cheval, qui offrent des
présents au Christ ; — puis enfin, à son retour à
Florence, deux portraits d'homme et de femme nus,
tableau qui, du temps de Vasari, était au palais de
Palla-Rucellai.

Alors, et quoique ces ouvrages dépassent de beaucoup tout ce qui se faisait de son temps, quoique les
études de Masaccio, qui embrassaient les trois branches
de l'art du dessin, fussent les premières qu'un seul
homme eût faites si complètes, il comprit qu'il lui manquait encore quelque chose, et il partit pour Rome afin
d'y compléter son éducation par la vue des chefs-d'œuvre de l'antiquité.

Sa réputation l'y avait précédé : aussi à peine fut-il
arrivé dans la ville pontificale, que l'église Saint-Clé-
ment lui ouvrit une de ses chapelles où il peignit un
Christ en croix entre les deux larrons et un *Martyre
de sainte Catherine*, qui existent encore aujourd'hui,
mais qui, malheureusement, ont été si lourdement re-
touchés, que les restaurations successives qu'ils ont

subies leur ont entièrement enlevé leur caractère primitif. Puis, là comme à Florence, les chefs-d'œuvre se
succédèrent sous ses pinceaux, chefs-d'œuvre qui, dans
les divers bouleversements que Rome a subis, ont été
détruits ou se sont perdus. Il venait d'achever une
Sainte Marie des Neiges et était en train de peindre
d'après nature le portrait du pape Martin et celui de
l'empereur Sigismond, lorsqu'il apprit que Côme le
Père de la Patrie était rappelé de son exil. Or, comme
l'illustre exilé l'avait en grande amitié et que lui l'a-
vait en grande vénération, à peine eut-il appris son
retour, qu'il acheva en toute hâte son travail commencé, et s'en revint à Florence. C'était juste au moment où Masolino de Panicale venait de mourir, laissant inachevée la chapelle des Brancacci aux Carmes.
Côme fit obtenir à Masaccio la continuation de cette
chapelle, et Masaccio, avant de l'entreprendre, voulant
donner une idée des progrès qu'il avait pu faire depuis
son départ de Florence, tenta, comme essai, le *Saint
Paul* qui était près de la corde de la cloche, et qui
existait encore du temps de Vasari, mais qui fut jeté à
terre lorsque l'on bâtit la belle chapelle Saint-André
Corsini.

Ce fut pendant qu'il travaillait à ce *Saint Paul* que
l'église des Carmes fut consacrée. La consécration d'une
église était, à cette époque, une chose trop importante

pour qu'on ne chargeât point la peinture d'éterniser le souvenir de cet événement : aussi Masaccio fut-il chargé de représenter la procession, travail qu'il exécuta en grisaille au-dessus de la porte qui va dans le couvent, et tout le long de la muraille du cloître ; et, parmi les citoyens qui suivaient en grand nombre cette procession, la tête couverte de capuchons ou le corps enveloppé de manteaux, il peignit d'après nature, et de manière à ce que chacun les reconnaissait à la première vue, Philippe Brunellesco, Donatello, son ami, Masolino de Panicale, son maître, Antoine Brancacci, qui lui avait fait faire la chapelle, Nicolas d'Uzzano, Barthélemi Valori, Laurent Ridolfi, ambassadeur de la République, et Jean de Médicis, père de Côme l'Ancien.

Puis, cette fantaisie achevée, Massaccio se remit à son œuvre. Ce fut alors qu'il fit cette magnifique chapelle, qu'il reprit des mains de Masolino et que Philippino reprit des siennes, et dans laquelle il peignit la *Résurrection du fils du roi faite par saint Pierre et saint Paul ; Saint Paul puisant dans le ventre du poisson l'or dont il doit payer le tribut de César* (1) ; et enfin le fameux *Baptême*, où, parmi ceux qui viennent de quitter leurs habits, est la figure du trembleur. Mais,

---

(1) Ce fut dans cette fresque que, parmi les apôtres, il peignit au miroir son propre portrait, si ressemblant, dit Vasari, qu'on eût cru le voir lui-même.

là, comme s'il eût accompli son chef-d'œuvre, le pinceau lui tomba des mains, et il mourut, Vasari dit à
vingt-six ans, Baldinucci dit à quarante, tous deux
disent par le poison.

Cette chapelle fut dès lors le sanctuaire où vinrent
tour à tour s'agenouiller tous les peintres : Jean de
Fiésoles, Alessio Baldovinetti, André del Castagno,
Verrocchio, Dominique Ghirlandaïo, Léonard de Vinci,
Pierre Pérugin, Bartholomée de Saint-Marc, Michel-
Ange Buonarotti, Raphaël (1), Granaccio, Laurent de
Credi, André del Sarto, le Rosso, Baccio Bandinelli et
Jacques de Pontormo. « Car, dit Vasari, avant Masaccio,
il y avait des tableaux qu'on pouvait dire peints, tandis
que, les siens, on pouvait les dire vivants. »

C'est qu'outre sa perspective qui est exacte, outre ses
raccourcis qui sont admirables, outre ses nus qui sont
savamment dessinés, outre ses draperies qui sont sobres
et naturelles, toutes choses qui, à un degré inférieur,
avaient été trouvées avant lui, il trouva une chose nouvelle et inconnue jusqu'alors : l'expression.

En effet, l'expression est à l'art ce que l'âme est à la
matière. Dieu crée l'homme, l'homme a du sang, des
os, des chairs ; mais l'homme n'est encore qu'une ma-

____

(1) Raphaël fit plus que d'y prier; car il y prit l'Adam et Ève
chassés du paradis qu'il peignit aux loges du Vatican.

chine : Dieu le touche du doigt, il ouvre les yeux, il pense, il sent, il exprime.

L'expression est donc l'extrème résultat de l'art. La perspective est pour les algébristes, le dessin est pour les pédants, le coloris est pour les imagistes : l'expression est pour quiconque a une àme. Ce fut pour l'avoir trouvée que Masaccio resta grand parmi les grands peintres.

Masaccio fut enterré dans la chapelle même qui vivait par lui, et par laquelle il devait vivre ; aussi n'at-il d'autre épitaphe que les magnifiques fresques qui l'entourent, et qui restèrent sans rivales jusqu'à ce que Raphaël eût peint les *stanze* du Vatican.

JEAN BELLIN

Vers la fin de l'année 1452, sous le dogat du malheureux François Foscare, qui, huit ans auparavant, avait été forcé de signer la sentence de son fils Jacques, et qui, cinq ans plus tard, devait être déposé lui-même, un peintre étranger, que précédait une grande réputation arriva à Venise.

On le nommait Antoine de Messine, selon l'habitude du temps, qui consistait à ajouter presque toujours, au prénom qu'on avait reçu sur les fonts de baptême, le nom du pays où l'on avait vu le jour. Il passait pour avoir hérité du secret d'un peintre flamand ; secret qui donnait à ses tableaux un coloris si vif, que jusques alors, à ce qu'on assurait, jamais l'art n'était parvenu à se rapprocher à ce point de la nature.

L'école vénitienne venait de naître, en retard sur l'école florentine et l'école siennoise de près de deux

siècles. — Cela venait-il des traditions des peintres byzantins, qui avaient toujours tenu, depuis le xe siècle, atelier ouvert à Venise? Les critiques le disent,
et il faut toujours croire à ce que disent les critiques.

Toute cette jeunesse ardente, génération qui devait
voir naître Titien et mourir Gentile de Fabiano, était
donc en émotion des premières œuvres qu'allait faire
paraître le peintre étranger, lorsque, deux mois après
son arrivée, un portrait fut exposé qui sembla dépasser
toutes les promesses faites. C'était celui d'un sénateur.

Jamais, en effet, on n'avait vu peinture si éclatante,
tons si harmonieux, nuances si mollement fondues.
Venise tout entière battait des mains devant ce tableau.

Le lendemain, un jeune seigneur, arrivé depuis trois
jours de Padoue, à ce qu'il disait, se présenta chez le
peintre pour faire faire son portrait. Le prix, débattu
un instant, fut fixé à vingt ducats d'or, et, comme l'é-
tranger paraissait pressé de retourner à Padoue, la première séance fut fixée au lendemain. Seulement, Antonello recommanda fort au jeune seigneur de revenir
avec le même costume qu'il portait ce jour-là, ce costume, tant il était élégant dans sa coupe et harmonieux
dans ses tons, paraissant avoir été drapé par un statuaire et assorti par un peintre.

A l'heure dite, le jeune homme arriva. C'était, du
moins en apparence, un de ces élégants inutiles qui

passent leur vie à suivre les femmes aux églises ou les princes à la chasse ; d'art, à ce qu'il disait du moins, il ne s'en était jamais occupé, l'aimant d'instinct comme tout Italien de cette époque aimait l'art, mais raisonnant sur celui de la peinture surtout avec une ignorance qui fit plus d'une fois sourire le savant professeur auquel il s'était adressé pour conserver ses traits à la postérité.

Et cependant le jeune homme suivait le travail du maître avec une curiosité remarquable. Dans l'opération première, qui consistait à préparer ses couleurs sur la palette et à les délayer avec cette substance inconnue, qui était sans doute le secret d'Antonello, il ne l'avait pas perdu de vue une seule seconde, si bien que le peintre en avait fait l'observation à son modèle. Ce à quoi celui-ci avait répondu, avec une naïveté charmante, qu'il n'y avait rien d'étonnant à l'attention qu'il portait à tous ces détails, attendu que c'était la première fois non-seulement qu'il voyait un peintre à l'œuvre, mais encore qu'il entrait dans un atelier.

Antonello le crut, tant il y avait de bonne foi dans l'accent et dans le regard du jeune seigneur, et continua d'opérer devant lui sans aucune défiance.

La première séance s'écoula ainsi. Antonello voulait remettre la seconde au surlendemain ; mais l'étranger, toujours prétextant la hâte qu'il avait de quitter Venise, insista si résolûment, que le peintre prit rendez-vous avec lui pour le lendemain.

Le lendemain, même attention curieuse de la part du modèle; cependant abandon encore plus grand de la part du peintre. L'étranger était si ignorant en art, qu'il n'y avait pas de crainte qu'il ne lui surprît son secret, cependant, soit hasard, soit reste de défiance, soit tout bonnement excès de politesse, Antonello ne laissait pas un instant l'étranger seul.

Le jour suivant, l'étranger se présenta à la même heure; mais, cette fois, au moment où Antonello délayait ses couleurs, le jeune homme se hasarda à lui demander, de l'air le plus indifférent qu'il put prendre, quel était l'ingrédient qu'il employait pour cette liquéfaction. Ce à quoi Antonello répondit que c'était un élixir qu'il avait inventé et qui lui coûtait si cher à composer, que c'était à cause de cet élixir, plutôt encore qu'à cause de leur perfection, qu'il avait été forcé d'augmenter le prix de ses tableaux.

L'indiscret se le tint pour dit et ne fit pas d'autre question à ce sujet.

Mais, au milieu de la séance, une jeune fille, qui posait comme modèle pour les premiers peintres vénitiens, vint frapper à la porte d'Antonello, qui l'avait fait demander : Antonello, prévenu qu'elle attendait dans la chambre voisine, lui fit rappeler que c'était pour le soir et non pour le matin qu'il l'avait fait demander ; mais elle répondit qu'elle était venue le matin parce qu'elle n'avait pas le temps de venir le soir, qu'il eût donc à l'examiner à l'instant même, ou qu'elle le prévenait qu'elle ne reviendrait plus.

Antonello passa en grommelant dans la chambre voisine, en priant le jeune seigneur de l'excuser ; ce que celui-ci fit de l'air le plus gracieux du monde.

Mais à peine Antonello eut-il refermé la porte derrière lui, que l'étranger ne fit qu'un bond de son fauteuil à la bouteille qui contenait le précieux élixir, remplit de son contenu un petit flacon préparé sans doute à cet effet, et, remettant la bouteille sur la planche et le flacon dans sa poche, s'en revint prendre sa place et sa pose accoutumées, si bien qu'Antonello, en rentrant cinq minutes après, le retrouva où il l'avait laissé.

Cependant le portrait s'avançait ; une heure ou deux de travail encore, et le chef-d'œuvre était achevé : il fut donc convenu que, le lendemain à la même heure, le jeune seigneur viendrait prendre sa dernière séance.

Avant de quitter le peintre, le jeune homme, qui paraissait enchanté, le força, quoique le portrait, comme nous l'avons dit, ne fût pas terminé, à recevoir les vingt ducats d'or qui étaient la totalité du prix convenu. Antonello fit d'abord quelques difficultés ; mais la peinture était si près d'être achevée, qu'il finit par les accepter.

Le jeune seigneur sortit aussitôt et s'éloigna d'un pas assez mesuré ; mais à peine eut-il tourné l'angle de la rue, qu'il courut au canal le plus proche, se jeta dans une gondole et ordonna au gondolier de le ramener chez lui le plus vite possible.

Dix minutes après, il s'élançait dans une chambre ou plutôt dans un atelier dont les murailles étaient couvertes d'études de madones, de saints et de christs, saisissait une palette, versait quelques gouttes de la précieuse liqueur dans le récipient, délayait ses couleurs, et s'assurait, par quelques touches jetées sur une toile, qu'au moment où il saurait la composition de l'élixir dont il venait d'apporter un échantillon, il serait aussi savant qu'Antonello.

Restait à savoir de quelles matières se composait cet élixir.

Il l'examina au jour, le goûta du bout de sa langue, en versa quelques gouttes sur du papier, puis sur des étoffes, et vit avec le plus grand étonnement que cet élixir était tout simplement un corps gras qui ressemblait tout à fait à de l'huile.

Il courut chez un alchimiste de ses amis, lui donna le flacon, le pria d'examiner la liqueur qu'il contenait

et de lui dire quelle était cette liqueur. L'alchimiste, à
la première vue, se mit à rire, en lui disant que c'é-
tait de l'huile ; et, à la seconde, il affirma que c'était
de l'huile de lin.

Le jeune homme ne revenait pas de son étonnement.
En rentrant, il acheta une bouteille d'huile tout entière, passa la journée à peindre d'après le nouveau
procédé qu'il venait de surprendre, et, le soir, il ne lui
restait plus aucun doute, il était aussi savant qu'Antonello de Messine.

Le lendemain, il se rendit chez celui-ci à l'heure conve-
nue ; mais, lorsque Antonello le pria de prendre sa pose
accoutumée, le jeune homme lui répondit en riant que
c'était chose inutile qu'ils se fatiguassent davantage l'un
et l'autre et qu'il finirait tout seul le portrait commencé.

Alors Antonello le regarda avec étonnement ; mais
le jeune homme pria le peintre de lui prêter sa palette,
et, prenant un pinceau, il se mit à exécuter avec une
habileté extrême la chaîne d'or qui pendait au cou de
son propre portrait.

Ce jeune peintre qui venait de surprendre le secret
qu'Antonello avait hérité de Van Eyck était Jean
Bellin (1).

____

(1) Antonello de Messine fit deux voyages à Venise, l'un vers
1451, l'autre vers 1475 : mais il est probable que ce fut pendant le
premier qu'eut lieu l'événement que nous venons de raconter.

Jean Bellin avait alors vingt-six à vingt-sept ans, et était né vers 1426. Comme Gentil Bellin, il était fils de Jacques Ier, élève du peintre ombrien Gentile di Fabriano, auquel le sénat de Venise fit une pension d'un ducat d'or par jour et donna l'autorisation de porter la robe de sénateur. C'est en mémoire de ce digne maître que Jacques avait appelé son premier fils Gentile.

Nous avons parlé de l'école byzantine, qui avait trouvé à Venise une seconde patrie. En effet, dès le VIe siècle, Lanzi, dans sa *Scuola veneziana*, parle d'artistes grecs qui vinrent orner de mosaïques les églises de Grado et de Torcello. Le doge Silvo, vers la fin du XIe siècle, fit venir une autre colonie d'artistes, byzantins comme les premiers, pour travailler à la basilique de Saint-Marc. Enfin, en 1204, Constantinople ayant été prise par les croisés partis pour prendre Jérusalem, presque tous les artistes, refluant devant ceux qu'ils appelaient les barbares et qui, s'il faut en croire la relation de Nicétas, méritaient bien ce nom, se réfugièrent à Venise, où ils fondèrent cette école grecque qui régna sans partage jusqu'à la fin du XIIIe siècle, et qui, jusqu'au XVIIIe y a conservé des représentants.

Mais, en opposition à cette école, dont nous avons marqué l'influence et suivi la chute dans notre introduction , était venue se placer une autre école

aussi progressive que celle-là était stationnaire ; c'é-
tait celle que le Giotto avait fondée à Padoue , et
dont les premiers représentants furent Jean et Antoine
de Padoue, Giusto, Quaziento, Avonzi, Aldighieri et
Squarcione. Ce dernier, qui en était le chef, comptait
dans son atelier, au commencement du XVe siècle, cent
trente-sept élèves.

Mais, à Squarcione, le mouvement religieux et idéaliste imprimé à cette école par son fondateur s'arrête ;
il disparaît momentanément pour faire place aux premières révélations du paganisme. Squarcione avait
beaucoup voyagé ; il avait visité la Grèce, et retrouvé
intacts grand nombre de chefs-d'œuvre mutilés aujourd'hui ; il avait visité l'Italie, et, près des souvenirs
du siècle de Phidias, amassé ceux du siècle d'Auguste ;
puis enfin il était revenu à Padoue, rapportant à sa patrie une magnifique collection de bas-reliefs, de statues et dessins. Or, Padoue, grâce à son université,
était la ville classique par excellence, et la peinture, di-
rigée par le Squarcione, suivit l'exemple que déjà depuis plus d'un siècle lui donnait la littérature.

André Mantegna sortit de cette révolution artistique.

Alors aux inspirations saintes et religieuses succédèrent les compositions païennes, les bacchanales, les
allégories, les triomphes des Césars, dont les gravures,

s'élevant au nombre de quarante au moins, nous ont laissé la reproduction ; les deux tableaux que nous possédons à la galerie du Louvre, dont le premier représente *les Neuf Muses dansant au son de la lyre d'Apollon, Mars et Vénus debout, Vulcain dans sa forge, Mercure et Pégase*, et dont le second représente la *Lutte du bon et du mauvais principe* ; tableaux qui, à l'époque où Schlegel vint à Paris, le frappèrent tellement, qu'il raconte qu'il s'arrêtait souvent devant eux, et qu'il convient que Dante seul lui paraît porter l'allégorie à un égal degré de grandiose et de hauteur.

Mais là devaient s'arrêter les progrès de l'école naturaliste, et Mantegna lui-même devait s'arrêter à ce point de sa carrière, ébranlé dans ses plus profondes convictions.

Ces changements dans les principes de l'élève chéri de Squarcione, qui, en faveur de son amour pur de l'antique, l'avait adopté pour son fils, lui furent apportés par Jacques Bellin, conservateur pieux des traditions idéalistes, qu'il tenait, comme nous l'avons dit, de Gentile de Fabriano. Bientôt, au reste, la fille acheva l'ouvrage du père, et Mantegna, en devenant le beau-frère de Jean et de Gentil Bellin, se rallia entièrement à l'école religieuse, dont son idolâtrie d'un instant l'avait écarté. Ce fut alors que Mantegna fit son *Histoire de*

l'apôtre saint Jacques dans l'église des Ermites de Padoue, et son *Saint Marc* de l'église Sainte-Justice.

Jean Bellin et son frère, au contraire de Squarcione
et de Mantegna, étaient restés purs de toute hérésie.
L'invasion du paganisme n'avait eu aucune influence
sur eux et surtout sur Jean, qui demeura toute sa vie
sous l'influence du mouvement religieux, et qui fut,
avec Pérugin et Francia, un des derniers champions de
l'école idéaliste.

Au reste, à cette époque, Venise avait, sous le rapport de ces dernières idées, une puissante auxiliaire
en Allemagne. Van Eyck ou Jean de Bruges, comme
on voudra l'appeler, le même qui avait inventé la peinture à l'huile, dont Jean Bellin avait surpris le secret ;
Hemmelinck, son disciple, le plus suave, le plus gracieux, le plus mystique de cette école ; Albert Durer, le
peintre-graveur dont la réputation chez les Italiens du
Nord balança un instant celle de Raphaël, entretenaient
des relations d'amitié et d'harmonie de sentiments
avec les peintres vénitiens, que Titien et Véronèse
n'avaient pas encore détournés de la voie primitive.

En effet, Venise était admirablement située pour
se maintenir dans ce sentiment : touchant d'une main
aux peintres allemands, qui ne s'en écartèrent jamais ;
et de l'autre à l'école ombrienne, qui, encore aujour-

d'hui, a un représentant dans Overbeck, ce peintre du xv° siècle égaré parmi nous.

Les premiers tableaux que fit Jean Bellin d'après sa nouvelle manière furent : pour les pères de la Charité, un *Sauveur au Jourdain*, et, pour les religieuses des Miracles, un *Saint Jérôme au désert*.

A Saint-Job, il représenta *la Vierge* assise sous un dais soutenu par des pilastres pareils à ceux de l'autel dans lequel le tableau était encadré. Les pilastres, dit Ridolfi, étaient en perspective et si parfaitement semblables aux autres, qu'on eût cru à la continuation du relief. Aux deux côtés étaient saint Job et saint François regardant la croix avec amour, et saint Sébastien, magnifique étude de nu, et saint Louis, tous deux remarquables par le pieux respect qu'ils paraissent porter à la mère du Sauveur. Trois anges assis aux pieds de la Vierge, et dont l'un joue de la viole, l'autre du luth et l'autre du violon, complétaient cette délicieuse composition, l'une des plus suaves qui soient sorties du pinceau de Jean Bellin.

Vers le même temps, il fit pour le grand autel de San-Giovanni-del-Tempio un *Sauveur au Jourdain*, qui passa alors pour un chef-d'œuvre. Dans un coin était le cavalier prieur agenouillé et portant une croix sur sa poitrine. Une vue de montagnes bornait l'horizon.

Il exécuta encore à Saint-Michel, petite île voisine de Murano, deux autres tableaux : l'un qui représente *la Vierge et l'Enfant Jésus*, saint Pierre et saint Paul, deux saintes de l'ordre dans des niches, avec le portrait de Pierre Pruele, procurateur de Saint-Marc et patron de l'autel ; l'autre, dans la chapelle de Marini Giorgio, et qui avait pour sujet *le Christ ressuscité*, avec ses gardiens armés autour du sépulcre et les Marie s'approchant à travers un paysage semé d'arbres et peuplé d'animaux.

Mais la grande œuvre de Jean Bellin, son œuvre vitale, l'œuvre à laquelle il consacra les plus belles années de son existence, fut la décoration de la salle du grand conseil, qu'il entreprit en compagnie de son frère, qui à ce moment arrivait de Constantinople, où il s'était rendu sur la demande du sultan Mahmoud. Comme on le voit, la réaction de l'Occident contre l'Orient était complétement opérée, et c'était maintenant Byzance qui empruntait ses artistes à Venise.

Cette décoration de la grande salle du conseil avait pour programme, non pas des faits historiques, — car une critique raisonnée, celle de Raumer, a prouvé, depuis, que tout ce que l'on avait dit de l'insolence du pape qui mit le pied sur le cou de l'empereur, et qui, au fameux *Petro et non tibi* répondit par le non moins fameux *Mihi et Petro*, était une imagination des poëtes légendaires des siècles précédents ; — mais un poëme national, fait à la manière de nos romans de Charlemagne.

Cette épopée, qui, du patois vénitien et de la forme légendaire, était passée, sous la plume de Casetto de Bassano, à l'état de poëme latin, avait, comme nous l'avons dit, fourni le programme de plusieurs compartiments qui furent distribués entre Jean Bellin et son frère, et dont le sujet était l'intervention des Vénitiens dans des démêlés du pape Alexandre III avec l'empereur Frédéric et leur réconciliation à Venise, le 23 juin 1177.

Deux de ces tableaux furent exécutés par Jean Bellin, et les autres par son frère.

Ceux qu'exécuta Jean Bellin étaient :

Le premier, le doge Ziani descendu du *Bucentaure* pour faire la soumission de la République au pape Alexandre III, qu'on venait de reconnaître sous son déguisement de moine, dans le couvent de la Charité ; cette inscription latine, écrite au-dessous, expliquait le sujet :

« Prima nocte declinavit apud canonicos Sancti-Salvatoris, qui duxerunt eum ad monasterium Sanctæ-Mariæ-Charistatis ; ibique, in forma serviebat. »

Le second était la prétendue *Bataille entre le doge et le prince Othon,* et ce tableau fut celui qui passa pour le chef-d'œuvre de Jean Bellin.

Le moment choisi par le peintre était le moment le plus acharné du combat : le doge Ziani et le jeune Othon, fils de Frédéric, poussent l'une contre l'autre les flottes de la République et de l'Empire ; au premier plan est un vaisseau à la poupe dorée, sur lequel le doge reçoit un auguste prisonnier qui n'est autre que le jeune Othon lui-même ; tout autour de ce bâtiment le combat continue, les navires se heurtent, les grappins s'accrochent, les flèches obscurcissent l'air comme un nuage, les épées et les haches retombent sur les boucliers comme sur des enclumes, la mer ensanglantée est couverte de débris de cordages, d'armures, d'hommes tombés à l'eau et qui tâchent de regagner leur bord. Tout cela exécuté avec ce fini de détail et ce bonheur d'expression qui font le cachet particulier de cette première école vénitienne, laquelle tenait à la fois du Pérugin et d'Albert Durer.

Malheureusement, ces chefs-d'œuvre de Jean et de Gentil Bellin, ont disparu de nos jours. L'incendie de 1577 détruisit tout, et les restaurations faites par les artistes de la décadence changèrent tellement le caractère de ces tableaux, qu'il est impossible d'y rien retrouver de leur naïveté primitive et de leur premier sentiment.

Mais ce qui existe encore de Gentil Bellin et ce qui donne une idée assez complète de ce que pouvaient être les choses perdues, c'est un tableau que possède la galerie de Milan ; ce sont des *Femmes écoutant prêcher saint Marc*, en costume turc, et les trois compositions qu'il exécuta pour la confrérie de Saint-Jean l'évangéliste, et qui sont à l'Académie des beaux-arts de Venise.

Ces trois tableaux représentent chacun un Miracle opéré par un fragment de la vraie croix, que l'on y conserve précieusement.

Le premier a pour sujet un jeune homme de Brescia blessé dangereusement à la tête et guéri instantanément par suite d'un vœu que fait son père pendant qu'on porte cette relique en procession ; et, comme dit Rio dans sa *Poésie chrétienne*, pour montrer que les dispositions du cœur étaient en parfaite harmonie avec les occupations du pinceau, l'artiste a mis au bas de sa peinture cette simple et touchante inscription :

« Gentilis Bellinus, amore incensus crucis. 1496. »

Les deux autres tableaux, signés de lui aussi, représentent le pieux André Vendsamini retirant la précieuse relique du canal où elle était tombée, et un membre de la confrérie guéri de la fièvre quarte.

Revenons à Jean Bellin, dont son frère nous a un instant écarté.

Venise possède encore de lui quatre précieux tableaux : l'un dans la sacristie dei Frari, représentant la

Madone sous un dais, avec deux anges qui jouent du luth à ses pieds, et saint Nicolas, saint Benoît et deux autres saints qui se tiennent debout à côté d'elle.

L'autre, qui est à Saint-Zacharie, est encore une *Madone tenant l'Enfant Jésus dans ses bras* et ayant près d'elle saint Pierre, sainte Madeleine, sainte Catherine et saint Jérôme. Ce dernier est, on ne sait pourquoi, vêtu en cardinal ; à ses pieds, comme d'habitude, est un ange jouant de la viole, et il porte la signature du peintre et la date de 1505. Cette peinture passe pou une des plus belles de l'auteur.

Le troisième est à Saint-Jean-Chrysostome et représente un *Saint Jérôme* au haut d'un rocher, tenant un livre à la main. Il est accompagné d'un saint Christophe et d'un saint Louis.

Le quatrième est dans la chapelle de la Conception à Saint-François-de-la-Vigne, il représente une *Notre-Dame* et un *Saint Sébastien*.

Et maintenant, tout ce que nous pourrions dire de Jean Bellin ne serait qu'une sèche nomenclature de ses œuvres, qu'un froid catalogue de ses tableaux répandus par toute l'Italie, par toute l'Allemagne, par toute l'Angleterre et par toute la France, et qui furent le produit de près de soixante et dix ans de travail.

Mais ce qu'il y a de remarquable dans cette longue carrière, c'est ce progrès éternel et sans décadence aucune, que l'on remarque depuis le commencement jusqu'à la fin de la carrière tout inspirée de cet homme : chez lui comme chez Titien, son élève, l'art va toujours s'élargissant, et les tableaux du vieillard sont, contre toutes les règles habituelles, les frères aînés des tableaux du jeune homme ; si bien qu'il y a un tel progrès entre eux, que, sans cet air de famille qui dénote une même paternité, on serait tenté de croire qu'il n'a pas fallu moins d'un siècle et de plusieurs générations pour que l'art arrivât à franchir une telle distance.

Après avoir surpris au commencement de sa vie le secret de Van Eyck, mort en 1450, Jean Bellin vit venir à Venise, en 1506, un autre peintre ultramontain qu'une immense réputation précédait dans le nord de l'Italie. Ce peintre était le fameux Albert Durer.

D'abord, la réception que les Vénitiens firent à l'orfèvre de Nuremberg fut mélangée de quelque froideur. Ses gravures, genre de travail que ces ardents admirateurs de la couleur estimaient médiocrement, ne pouvaient donner qu'une idée fort imparfaite de ses tableaux ; mais le vieux Jean Bellin alla à son jeune confrère, le patronna près des familles patriciennes, lui ouvrit la porte de tous les palais qui lui était ouverts à lui-même, et, à quelque prix que ce fût, voulut avoir un tableau d'Albert Durer.

A l'âge de quatre-vingt-huit ans, Jean Bellin fut appelé à Ferrare par le duc, qui voulait lui faire peindre *une Bacchanale*. Ce fut dans ce voyage qu'il se lia avec l'Arioste, qui, en souvenir non-seulement d'amitié, mais encore d'admiration, consigna le nom du vieillard à côté de ceux de Léonard de Vinci et de Mantegna.

> E quei che furo a' nostri dì e son ora,
> Leonardo, Mantegna e Giovanni Bellino.

Dante, cent ans auparavant, avait fait la même chose pour Cimabue et Giotto.

Enfin, parvenu à l'âge de quatre-vingt-dix ans, plein de jours et d'honneurs, ayant vu passer devant lui tout ce qu'il y avait eu de grand en Italie, en Allemagne et en France, Jean Bellin mourut le 29 novembre 1516 et fut enterré près de son frère, dans l'église des apôtres saint Jean et saint Paul.

LE PÉRUGIN

Nous voici arrivé au peintre idéaliste par excellence, à Pierre Vannucci, dit le Pérugin.

Pierre Vannucci naquit, non pas à Pérouse, comme le dit Vasari, mais à *Città-della-Pieve*, comme le prouve une multitude de tableaux signés *Petrus de Castro-Plebis*. Sa famille était pauvre, mais non pas de basse condition ; on trouve des actes qui prouvent que, jusqu'à la fin de 1427, elle jouissait du droit de bourgeoisie.

Ce fut en 1446 environ, six ans après la mort de Masaccio, six ans avant la naissance de Léonard de Vinci, que naquit celui qui devait mettre le pinceau aux mains de Raphaël.

Il y a des hommes deux fois grands, grands par eux-mêmes, grands par l'élève qu'ils ont fait. Sur ce point, certes, le Pérugin peut soutenir la comparaison avec

Verrocchio, le maître de Léonard de Vinci, et avec Ghirlandaïo, le maître de Michel-Ange.

En outre, à l'examiner comme artiste providentiel (si cela peut se dire), Pérugin fut la dernière digue opposée par l'art chrétien à l'art païen : Pérugin mort, à part quelque ressouvenir de son maître, qui perce encore dans les madones de Raphaël, le naturalisme triomphe et l'idéalisme est perdu.

Pérugin vint à Pérouse à l'âge de onze ans, et entra comme *fattorino* (je ne trouve pas de mot français qui rende ce mot italien) chez un peintre : le nom de ce peintre, on l'ignore ; les uns disent que c'était Benedetto Buonfigli, d'autres que ce fut Niccolo Alunno. Vasari ne le nomme pas ; il se contente de dire que, quoique ce professeur inconnu ne fût point un maître, il avait les maîtres en vénération.

Toute cette première partie de la vie du Pérugin reste obscure ; on sait seulement qu'il travaille avec ardeur chez ce maître inconnu, lequel l'excite sans cesse, en lui citant de grands exemples, par l'appât de la gloire et de l'argent : il en résultait que le jeune homme demandait toujours, non-seulement à son maître, mais encore à tous ceux avec lesquels il pouvait parler de son art, en quel lieu étaient les meilleurs peintres ; et chacun lui répondait : « A Florence ! » car, en effet, c'était à Florence qu'avaient brillé Giotto, frère

Jean de Fiésoles, Masaccio et Benozzo Gozzoli. Quant à Francia, cette étoile de l'école de Bologne, et à Léonard de Vinci, cet astre de l'école lombarde, ils étaient à peine nés lorsque Pérugin faisait cette éternelle question.

Avec un homme aussi décidé que l'était le Pérugin à devenir un grand peintre, une pareille réponse devait porter ses fruits. Aussi, un beau matin, riche d'espoir mais fort léger d'argent, le jeune homme partit pour Florence.

Sous quel maître étudia-t-il dans l'Athènes moderne, c'est ce que personne ne sait encore : les uns lui donnent André Verrocchio pour maître, et le font, par conséquent, condisciple de Léonard de Vinci ; les autres, Pierre Borghèse, ce grand professeur de géométrie ; les autres enfin, Nicolas de Foligno. Malheureusement, deux faits positifs empêchent que ni Verrocchio ni Pierre Borghèse aient droit à cet honneur : Verrochio avait complétement cessé de peindre lorsque le Pérugin vint à Florence, et le Pérugin n'avait que douze ans lorsque Pierre Borghèse perdit la vue. Reste donc Nicolas de Foligno, contre le préceptorat duquel aucune objection ne s'élève, et dont le talent a une grande analogie avec ce qu'on appela depuis le style péruginesque.

Quoi qu'il en soit, le jeune artiste était pauvre, mais

fort, mais résolu : habitué dès l'enfance à la misère, la misère passée et la misère présente n'étaient rien pour lui ; sa pauvreté se dorait aux rayons de l'avenir, et jamais un seul instant il ne parut douter de la gloire et de la fortune qui lui étaient promises par la voix de sa conscience.

En attendant, le pauvre rêveur était dans une mansarde sans meubles et sans lit, couchant dans un coffre, et ne possédant qu'une table et une chaise ; ajoutant les nuits à ses journées trop courtes, et dessinant chez lui quand il ne pouvait plus peindre dans l'atelier de son maître ; ne s'inquiétant ni du chaud, ni du froid, ni de la faim, et répondant gaiement à ceux qui le plaignaient :

— C'est l'habitude de Dieu d'envoyer le beau temps après la tempête.

Tant d'efforts et de constance eurent enfin leur prix : on lui commanda quelques travaux dans le couvent de Saint-Martin, situé hors de la porte *al Prato* et qui fut ruiné depuis, pendant le siége de Florence ; et, aux Camaldules, un *Saint Jérôme,* que l'expression de son visage et la savante anatomie de son corps feraient regarder du premier coup comme un chef-d'œuvre. Dès lors tout était dit, le temps des épreuves était passé pour le Pérugin, les commandes arrivaient de toutes parts, l'argent les suivait ; et à son premier proverbe :

« Après la pluie le beau temps, » succéda un second adage, qu'il mit en principe avec autant de conce que le premier : c'est que, « pendant les beaux jours, il faut bâtir la maison où l'on s'abritera pendant les mauvais. »

De là, sans doute, cette réputation d'avarice que Vasari fait à Pérugin, oubliant que cet artiste, cupide selon lui, au plus fort de son talent, et lorsque, par conséquent, chaque coup de son pinceau était payé au prix de l'or, ne demandait qu'une omelette pour prix des magnifiques peintures dont il avait orné l'oratoire annexé à la confrérie des Blancs, située en face de la maison qu'il habitait.

Nous reviendrons là-dessus, et nous dirons comment la haine que portait Michel-Ange au Pérugin fut partagée par Vasari, son élève infime et son admirateur exagéré.

Ce fut vers ce temps que le Pérugin exécuta pour les dames de Sainte-Claire un *Christ mort,* dont le merveilleux coloris étonna les maîtres eux-mêmes : c'est que l'artiste, qui ne voulait négliger aucune partie de son art, avait appris des *Gesuati,* ces grands peintres sur verre, l'art de préparer les couleurs minérales.

Ce tableau est aujourd'hui dans le palais Pitti. Sa couleur merveilleuse s'est à peu près évanouie par le long temps où il fut exposé aux rayons du soleil dans l'église de Sainte-Claire ; mais ce que n'ont pu lui ôter ni le soleil ni le temps, et ce qu'on y retrouvera encore, c'est la merveilleuse ordonnance des personnages ; ce sont ces belles têtes de vieillards, pleines d'onction et de majesté ; c'est enfin la profonde douleur répandue sur le visage des Marie, qui contemplent en pleurant le Christ trépassé.

François de Pouille vit ce tableau en passant à Florence, et voulut l'avoir ; mais les religieuses refusèrent de le lui vendre. Le prince leur en offrit trois fois le prix qu'elles l'avaient payé, et, en outre, une copie de la main du même artiste : à ces conditions, elles consentirent ; mais alors ce fut Pierre Pérugin qui refusa, quelque prix que François de Pouille lui offrît de cette reproduction, disant qu'il n'était pas sûr que la copie atteignît jamais la valeur de l'original.

Comme on le voit, et quoi qu'en dise Vasari, Pérugin n'était donc point capable de tout pour de l'argent.

Outre les tableaux et les fresques que nous venons de dire, Pérugin exécuta encore de sa main beaucoup de peintures dans le couvent des frères *Gesuati*, situé hors de la porte Pinti ; couvent qui fut jeté à terre pendant le siége de Florence : si bien qu'on ne put en sauver que les tableaux, qui furent transportés dans l'église *della Calza*.

Deux de ces tableaux étaient, l'un *le Christ au jardin,* entouré des apôtres qui dorment (tableau qui se trouve aujourd'hui à l'Académie des beaux-arts), et une *Piété,* que l'on peut voir aussi dans le même lieu, mais qui ne peut se comparer, pour la conservation, au premier que nous avons cité. Au reste, comme composition et comme sentiment, ces deux tableaux sont magnifiques.

A partir de ce moment, les commandes se succédèrent avec une telle rapidité, que nous ne pouvons plus guère que nommer les différents tableaux qui venaient ajouter à la réputation toujours croissante de l'artiste.

Ce furent d'abord un *Crucifix* ayant à ses pieds la Madeleine, saint Jérôme, saint Jean-Baptiste et saint Jean-Colombin : ce Crucifix est aujourd'hui encore à l'église *della Calza.*

Puis, dans le même couvent des *Gesuati,* une fresque représentant *l'Adoration des mages,* fresque dont la composition savante et l'exécution achevée excitaient l'admiration de Vasari.

Puis, dans le même couvent encore, une autre fresque représentant le bienheureux saint Jean-Colombin recevant l'habit religieux des mains du pape Boniface.

Enfin, toujours dans le même couvent, une *Adora-*

tion des bergers, qui ne cédait en rien aux deux fresques que nous venons de citer.

A propos de ces trois fresques, Vasari raconte une anecdote qui prouve que Pérugin n'était point aussi malhonnête homme qu'en un autre lieu il voudrait le faire croire. Il y avait dans ces trois tableaux de grandes portions de ciel; et le prieur, qui était à la fois fort orgueilleux pour l'honneur de son couvent et très-avare de sa bourse, avait recommandé au Pérugin de peindre ces ciels à l'outremer; mais, comme l'outremer était une couleur fort chère, il craignait en même temps que le peintre n'eût l'idée d'en distraire une certaine quantité, pour s'épargner la peine d'en acheter lorsqu'il travaillerait pour son propre compte; il demeurait donc là, fatiguant Pérugin de ses recommandations pendant tout le temps que l'artiste exécutait les parties azurées de son tableau. Pérugin, qui avait fait honneur de la présence du prieur à son amour de l'art, s'aperçut bientôt qu'il s'était trompé et que ce qu'il avait pris pour de l'enthousiasme était tout bonnement de la défiance; il résolut alors de donner une leçon au bon prieur, et s'avisa pour cela d'un expédient assez simple : le prieur, comme pour aider Pérugin, tenait à la main le sachet dans lequel celui-ci trempait son pinceau pour y prendre l'outremer; l'artiste donnait deux ou trois coups sur la fresque; puis, comme

si la couleur était épuisée, il abandonnait le pinceau,
qu'il déposait dans un godet plein d'eau, en prenait un
autre, donnait trois ou quatre touches encore et posait
à son tour le nouveau pinceau près du précédent. Le
prieur suivait d'un air d'effroi son outremer, qui passait avec une rapidité effrayante de son sachet sur la
muraille, secouant la tête de temps en temps avec douleur, et se contentant de dire :

— Quelle quantité d'outremer absorbent ces abomi-
nables ciels !

— Vous le voyez vous-même, répondait Pierre.

Puis, le prieur parti, il recueillait l'outremer qui
restait au fond du godet, et c'était la meilleure partie.
Lorsqu'il en eut une quantité suffisante :

— Révérend prieur, dit l'artiste en lui remettant le
paquet qu'il aurait pu soustraire, voici de l'outremer
qui vous appartient; ce sont les économies que j'ai faites sur vos fresques, et que je vous rends; reprenez-les,
et n'oubliez pas qu'il faut avoir deux poids et deux me-
sures en ce monde, et qu'il n'y a qu'à perdre lorsqu'on
traite les honnêtes gens comme s'ils étaient des vo-
leurs.

La leçon profita au prieur, et il laissa désormais Pérugin accomplir seul et à sa guise toutes les portions de
ciel qui lui restaient à faire.

Ces travaux achevés, Pérugin partit pour Sienne, où

il peignit, dans l'église de Saint-François, un tableau
que Vasari regardait comme un de ses chefs-d'œuvre,
et qui malheureusement périt dans l'incendie qui dévora cette église au milieu du xvii⁰ siècle ; dans l'église
de Saint-Augustin, un *Crucifix* avec plusieurs saints et
saintes agenouillés, lequel *Crucifix* lui fut payé deux cents
écus d'or, et existe encore aujourd'hui dans la même
église ; puis il revint à Florence, afin d'exécuter pour
l'église de San-Gallo un *Saint Jérôme faisant pénitence*,
que Vasari a vu de son temps dans l'église Saint-Jac-
ques au delà des fossés, mais qui a disparu de nos jours
sans qu'on ait pu savoir ce qu'il était devenu ; un *Christ
mort* entre saint Jean et la Madone, qu'on voyait sur
l'escalier de la porte de Saint-Pierre-Majeur, et qui,
quoique exposé à l'action de l'air, garda sa fraîcheur
comme s'il venait de sortir de la main de l'artiste :
lors de la démolition de l'église, cette peinture fut conservée par les soins du sénateur Albizzi, qui la fit
transporter au second étage de son palais, où on la voit
encore.

Les autres tableaux de cette belle époque du Pérugin
sont les suivants :

Une *Piété,* qu'il exécuta pour l'église de Sainte-Croix;

Un *Saint Sébastien*, que Bernardino de Rossi lui
acheta cent écus d'or, et qu'il revendit quatre cents
au roi de France ;

Une *Assomption de la Vierge*, miracle de sentiment et d'idéalité, commandée par les moines de Vallombreuse, et qui se trouve à cette heure à l'Académie des beaux-arts de Florence ;

Une autre *Assomption de Notre-Dame*, avec les apôtres agenouillés et en extase autour du tombeau : cette peinture, commandée par le cardinal Caraffa, est encore dans la cathédrale de Naples. Ce fut là que la vit le célèbre André de Salerne, lorsque, pris d'admiration à sa vue, il résolut de quitter Naples pour venir étudier sous le Pérugin ; mais, en passant à Rome, il rencontra Raphaël et n'alla pas plus loin, préférant se faire l'élève de l'élève que celui du maître ;

Une *Ascension de Notre-Seigneur*, que l'on retrouve aujourd'hui encore dans la cathédrale de *Borgo-San-Sepolcro* ;

Enfin une *Madone et l'Enfant Jésus dans les nuages*, qui, après avoir été enlevés de la chapelle Vizzani et transportés à Paris, sont maintenant dans la galerie de Bologne.

Cette suite de tableaux, tous plus beaux et plus estimés les uns que les autres, firent à Pierre Vannucci une telle réputation, que le pape Sixte IV le fit venir à Rome, et voulut qu'il concourût à orner la chapelle qu'il avait fait bâtir, et où, plus tard, Michel-Ange devait peindre *le Jugement dernier*.

Là, il peignit *Moïse trouvé sur les eaux*, *le Baptême du Christ*, *Jésus donnant les clefs à saint Pierre*, et sur la face du fond, c'est-à-dire au-dessus de l'autel, *l'Assomption de la Vierge* avec le pape en prière : ce fut ce dernier tableau que l'on gratta pour faire place à la fresque de Michel-Ange.

Il exécuta, en outre, dans la tour Borgia quelques sujets tirés de l'histoire du Christ ;

A Saint-Marc, l'histoire de deux martys ;

Enfin, les fresques du palais Colonna, travaux qui ajoutèrent encore à sa réputation et à sa fortune : si bien, dit Vasari, qu'il revint à Pérouse (d'où il était sorti pauvre et ignoré) riche de gloire et riche d'argent.

Là de nouveaux travaux l'attendaient. Il y exécuta :

Dans la chapelle des Seigneurs, un tableau à l'huile, représentant la Madone et plusieurs saints, qui fait partie aujourd'hui de la galerie du Vatican ;

A Saint-François-*del-Monte*, deux fresques représentant, l'une *l'Adoration des mages*, l'autre *le Martyre de quelques franciscains mis à mort par le soudan d'Égypte*;

A Saint-François-*del-Convento*, deux tableaux à l'huile, l'un représentant *Saint Jean*, l'autre *la Résurrection de Notre-Seigneur* ;

Dans l'église *dei Servi*, deux autres tableaux représentant : l'un *la Transfiguration de Notre-Seigneur*, qui existe encore, mais qui a beaucoup souffert; l'autre l'*Histoire des mages;*

A Saint-Laurent, dans la chapelle du Crucifix, Notre-Dame, saint Jean, les autres Marie, saint Laurent et saint Jacques ;

A l'autel du très-saint-sacrement, sur lequel est conservé l'anneau qui servit aux fiançailles de la Vierge, un *Sposalizio ;*

Enfin, il peignit à fresque toute la salle du Change, où l'on voit encore aujourd'hui les portraits de Fabius Maximus, de Socrate, de Numa Pompilius, de Camille, de Pythagore, de Trajan, de Lucius Sicinius, de Léonidas, d'Horatius Coclès, de Fabius, de Périclès, de Cincinnatus ;

Puis, sur l'autre façade, ceux des prophètes Isaïe, Moïse, Jérémie, Daniel, Salomon, David, ainsi que les images des sibylles Érythrée, Libyque, Tiburtine et Delphique.

Ce fut pendant cette station à Pérouse qu'un pauvre peintre d'Urbin amena à Pierre Vannucci un enfant qui donnait des espérances en peinture, et que Pérugin reçut au nombre de ses élèves : cet enfant était Raphaël.

Deux ans après, l'élève travaillait déjà aux tableaux

du maître; et l'on montre encore aujourd'hui au voyageur qui passe à Pérouse les parties de ces tableaux qui avaient été exécutées par le futur auteur des *Stanze* et de *la Fornarine*.

Maintenant, il semble que l'œuvre providentielle du Pérugin soit remplie : il a reçu des mains de son père celui qui sera le plus grand peintre de tous les temps ; il lui a appris tout ce qu'il pouvait lui apprendre. Raphaël le quitte vers l'an 1502. Pérugin a atteint l'âge de cinquante-six ans, son talent ne fera plus que décroître. Il en est ainsi de la fleur qui produit le fruit : quand le fruit paraît, la fleur se fane, se dessèche et meurt.

Malheureusement, Pérugin devait se survivre ; malheureusement, grâce à la facile exécution que lui avait donnée ses œuvres multipliées, et grâce à la réputation que lui avaient donnée ses chefs-d'œuvre, Pérugin devait, vingt ans encore, aller en décroissant ; mais Pérugin avait trop fait pour que ses dernières productions, si faibles qu'elles fussent, pussent le défaire.

Ses derniers coups de pinceau furent pour une peinture à fresque commencée par son élève Raphaël, vingt ans auparavant, dans l'église de Saint-Silvestre.

Pierre Pérugin mourut en 1524, survivant ainsi de plus de trois ans à son élève Raphaël, dont il vit grandir la gloire, sans que jamais cette gloire, si éclatante qu'elle fût, parût lui inspirer le moindre sentiment d'envie. Ce fut au château de Fontignano qu'il rendit le dernier soupir, sans avoir voulu recevoir les sacrements, dit une tradition du pays, ce qui fut cause qu'on l'enterra en terre profane et près d'un chemin ; depuis, dit-on encore, il fut exhumé et déposé dans un lieu plus voisin de l'église, peut-être même dans le cimetière.

Ce refus des sacrements et cette inhumation en terre profane sont fort débattus de nos jours, après avoir longtemps passé pour article de foi. D'abord Vasari, qu'on n'accusera pas de partialité envers le maître de Raphaël et l'ennemi de Michel-Ange, lequel, dans sa haine des choses calmes, douces et simples, appelle Pérugin une *mâchoire*, Vasari, qui était contemporain du Pérugin, ne raconte pas un mot de toute cette histoire, et dit tout simplement : « Enfin, arrivé à l'âge de soixante et dix-huit ans, Pérugin termina sa carrière à *Castel-della-Pieve*, où il fut honorablement enterré. »

Puis ne serait-ce pas rêver une trop cruelle opposition entre l'homme et ses œuvres que de tenir pour libertin, impie et athée, celui dans l'esprit duquel le Seigneur avait mis à un si haut degré le sentiment religieux ? Est-ce par dérision qu'en exécutant son propre portrait, il écrivit sur cette clef qu'il tient à la main,

et qui doit dans sa symbolique espérance lui ouvrir le
ciel, cette devise, que l'on peut supposer avoir été la
sienne : *Timete Deum ?* Est-ce enfin l'œuvre d'un
homme sans foi que cette éternelle Madone, éternellement reproduite, et chaque fois avec un charme de
plus, chaque fois avec un nouveau développement de
beauté, un nouveau perfectionnement d'idéalisme ; si
bien que, chez lui, la Vierge en est arrivée à n'avoir
plus rien de mondain, et à n'appartenir à la terre que
par le sentiment de mélancolie qui indique que la créa-
ture céleste qu'on a sous les yeux est cependant destinée à souffrir une des plus grandes douleurs humaines,
la perte de son enfant ? Est-ce enfin par calcul que,
pendant cette longue existence qui dura plus de trois
quarts de siècle, et qui compte soixante années successives de productions, pas un seul tableau profane ne
sortit des mains de l'artiste ? Et à quelle époque cela ?
A l'époque où les Médicis payaient au poids de l'or
les ruines mythologiques, qu'ils substituaient peu à peu
sur les murailles de leurs palais, et jusque sur les pa-
rois des hôpitaux, aux sujets sacrés, qui avaient été
jusqu'à eux le seul programme sur lequel se fût exercé
le pieux pinceau des peintres? Tout au contraire, nous
ne trouvons pas dans toute la vie du Pérugin trace
d'un seul tableau commandé, soit par Laurent, soit
par Pierre, soit par Julien, quoiqu'un tableau al-

légorique (le seul peut-être de ce genre que Pérugin ait exécuté, *le Combat de l'Amour et de la
Chasteté*) prouve victorieusement une flexibilité de
talent qui, si la voix de sa conscience n'eût été là pour
retenir l'artiste, eût pu le plier aux gracieuses compositions de la mythologie grecque.

Mais non, Pérugin était le digne continuateur, au
contraire, de ces hommes qui, puisant une partie de
leur talent dans la foi, emportèrent avec eux le grand
secret de la peinture idéaliste ; et il devait clore, avec
Francia et frère Bartholomée de Saint-Marc, la liste
de ces hommes privilégiés du Seigneur et de la Vierge,
dont ils étendaient la religion en reproduisant leurs
images.

LÉONARD DE VINCI

Léonard naquit au château de Vinci, dont on voit encore aujourd'hui les ruines près du lac de Fucecchio, situé à quelques lieues de Florence : de là son nom de Léonard de Vinci. C'est le fils naturel d'un notaire. Certes, le proverbe qui dit que les enfants de l'amour sont plus heureusement doués que les autres dut acquérir une nouvelle faveur de l'exemple qu'apporta le jeune Léonard, prédisposé à l'élégance, à l'art, à la science. Sa figure était belle, sa taille admirablement proportionnée, son esprit disposé à comprendre avec facilité et à s'appliquer avec persévérance. Chose rare ! avec la rectitude de jugement du mathématicien, il avait l'imagination brillante de l'artiste ; et, avec la frivolité apparente de l'homme du monde, l'application profonde de l'écolier. Aussi, en voyant son fils à la fois poëte, géomètre, mécanicien, peintre, dan-

seur, écuyer et musicien, le brave notaire ne savait-il
véritablement à quelle spécialité il devait destiner celui
que tout le monde s'accordait à regarder autour de lui
comme un prodige de précoce universalité, lorsque l'enfant tira son père d'embarras en optant lui-même pour
la peinture. Le bon notaire prit alors quelques-uns des
dessins de son fils, et les alla porter à André Verrocchio,
autre phénomène du même genre, et qui s'était lui-
même acquis une quintuple réputation comme peintre,
statuaire, graveur, orfévre et musicien. Verrocchio regarda les dessins avec une attention qui indiquait l'importance qu'ils avaient à ses yeux. et demanda à maître
Pierre (c'est ainsi que se nommait le père de Léonard)
quel était l'artiste dont il le tenait ; ce à quoi maître
Pierre répondit que l'artiste était son propre fils, bam-
bin agé de douze ans. Verrocchio n'en voulait rien
croire ; on lui amena l'enfant, qui traça sous ses yeux
quelques figures d'hommes, d'animaux et de fleurs. Il
fallut bien alors que l'incrédule Verrocchio fût convaincu,
et le jeune Léonard entra dans la boutique du maître
qu'il devait bientôt surpasser.

Trois ans après, André Verrocchio peignant pour les
moines de Vallombreuse un tableau de *Saint Jean
baptisant Jésus*, Léonard fit dans ce tableau cet ange
si plein de grâce qu'on montre encore aujourd'hui comme
son premier ouvrage, et que son maître trouva si par-

fait, qu'il ne voulut point y retoucher : il resta tel qu'il était sorti du pinceau de l'élève de quinze ans.

Mais, tout en devenant un grand peintre, Léonard n'abandonnait ni les autres arts, ni les sciences ; il jouait de différents instruments, et, entre autres, d'une lyre dont il était à peu près l'inventeur ; chimiste habile, il s'amusait quelquefois à former, par le mélange de matières inodores, quelque odeur détestable, qui forçait tous ceux qui se trouvaient dans l'appartement à s'enfuir ; d'autres fois, il appliquait la mécanique à la mystification : un fauteuil, où un critique impertinent se croyait bien solidement assis, se mettait tout à coup à courir autour de la chambre, au grand effroi de celui qui se trouvait victime de cette locomotive inattendue ; il faisait des oiseaux qui volaient tout seuls, des quadrupèdes qui marchaient par un mécanisme intérieur ; il trouvait des machines propres à percer des rochers ; il inventait des instruments qui soulevaient des poids énormes : un jour, il proposa d'enlever l'église Saint-Laurent, et de la replacer sur une autre base. Aussi ne parlait-on à Florence que du jeune Léonard de Vinci. Cette réputation s'étendit jusque dans les campagnes environnantes : un jour, un paysan vint trouver *ser Piero*, et, lui apportant une espèce de bouclier, qu'il avait fait avec le tronc d'un figuier, le pria de faire couvrir ce bouclier de peintures par son fils ; peu lui importait lesquelles :

au reste, il laissait l'artiste parfaitement libre de sa fantaisie. Comme le notaire, grand amateur de chasse et de pêche, avait souvent trouvé dans ce même paysan un excellent compagnon, il se chargea de la commission, prit le bouclier et le remit au jeune Léonard. Léonard commença d'abord par redresser le bouclier au feu ; puis il le fit polir, puis il l'enduisit de blanc. Pendant tout ce travail, il rêvait à la chose qu'il peindrait dessus, et se détermina pour une tête de Méduse : alors il rassembla mystérieusement dans son atelier, fermé à tout le monde, des couleuvres, des lézards, des chauves-souris, des crapauds, des grillons, des sauterelles, des papillons de nuit, et, de tous ces êtres hideux, de ces reptiles bizarres et terribles, il composa un seul monstre qui, sortant d'un rocher, lançait la flamme par les yeux, et la fumée par la bouche et par les narines. C'était la Méduse qu'il avait rêvée.

Alors, satisfait de son œuvre, Léonard place le bouclier dans un jour favorable, l'encadre de mousse et de branches d'arbre, appelle son père et le lui montre. Hercule y eût vu une nouvelle hydre à combattre, et fût tombé sur le bouclier à grands coups de massue. *Ser Piero* n'était pas un Hercule : il poussa un grand cri de terreur, et se retourna vers la porte avec l'intention de s'enfuir le plus vitement qu'il pourrait. Léonard l'arrêta.

— C'est bien, mon père, lui dit-il ; j'en suis venu à mon désir : ce que vous prenez pour un monstre vivant et inconnu n'est rien autre chose que la peinture que vous m'avez demandée ; prenez le bouclier de votre paysan et emportez-le.

Ce disant, le jeune Léonard jeta bas la mousse et les branches d'arbre, prit la rondache, et la présenta à son père, lequel ne savait encore s'il devait la prendre ; mais, lorsqu'il se fut bien convaincu que c'était, en effet, un miracle de l'art et non point un jeu de la nature, il ne se le fit pas redire à deux fois : il prit le chef-d'œuvre et l'emporta ; seulement, comme il fallait un bouclier au paysan, *ser Piero* acheta un vieil écu de hasard, sur lequel était un cœur percé d'une flèche, et le donna comme chose fort précieuse à son compagnon, qui, heureusement pour lui, se connaissait mieux en chasse et en pêche qu'en peinture. Quant à *la Méduse*, il la vendit cent ducats à des marchands, lesquels la revendirent bientôt trois cents écus au duc Galéas.

Vers le même temps, Léonard s'occupa de deux compositions bien différentes. L'une était une *Vierge*, près de laquelle il plaça une carafe d'où s'échappait un charmant bouquet de fleurs, qui paraissaient si fraîchement cueillies, que la rosée perlait encore dessus ; l'autre était un *Neptune*, dont le char traîné par des chevaux marins fend une mer toute peuplée de tritons, de néréides, d'orques et de dauphins. Or, si l'on veut savoir vers quelle époque étaient achevés ces ouvrages, c'était vers 1478, cinq années avant la naissance de Raphaël, lorsque Michel-Ange n'avait que quatre ans ! Aussi, selon toute probabilité, Léonard de Vinci gagnait-il un argent fou : sans autre fortune que son art, il était le jeune homme le plus élégant de Florence, avait les plus beaux chevaux de la Toscane, et menait près des femmes un train de prince. Or, d'après la façon dont son brave homme de père avait escamoté à son profit *la Tête de Méduse*, on peut penser que l'argent que le jeune Léonard jetait ainsi à pleines mains ne sortait pas des coffres du vieux notaire.

Que sont devenus tous les chefs-d'œuvre que le futur auteur du *Cénacle* fit dans cette première partie de sa vie ?

Sans doute, pour la plupart, ils se perdirent : on sait seulement qu'il exécuta beaucoup de portraits, parmi lesquels étaient celui d'un capitaine de bohémiens nommé *Scaramuccia* et celui d'Amerigo Vespucci, qui, à cette époque, n'avait pas encore donné son nom à un monde. C'est de cette période aussi que date *la Tête de Méduse entourée de serpents*, qui est aujourd'hui dans la Galerie des Offices, et qu'il ne faut pas confondre avec celle que Léonard peignit sur la recommandation de son père ; enfin l'ébauche d'une

Adoration des mages, qui se trouve à l'Académie des beaux-arts de Florence, et un grand carton d'*Adam et Ève*, qui ne nous est point parvenu.

Maintenant, comment se fait-il que les Médicis, ces chercheurs d'hommes, qui découvrirent Michel-Ange à treize ans, ne paraissent avoir fait aucune attention à Léonard de Vinci, le plus élégant cavalier, le plus grand peintre, le plus fort mécanicien de Florence à cette époque? C'est un de ces mystères d'injustice comme la vie des grands hommes en recèle toujours quelques-uns.

Aussi Léonard de Vinci était-il déjà résolu à quitter Florence, lorsqu'on vint lui proposer de s'attacher à Louis-Marie Sforza, qui d'avance voulait, à force de gloire, se faire pardonner sa future usurpation.

En effet, trois écoliers, échauffés par la lecture de Tite-Live, avaient cru refaire de l'histoire antique, et venaient d'assassiner Galéas.

Son fils, âgé de huit ans, lui avait succédé sous la tutelle de son oncle, ce même Louis-Marie Sforza dont nous venons de parler, et qu'on appelait *il Moro*, non point (comme l'ont répété les uns après les autres les historiens qui ont traité de cette époque) parce qu'il avait le teint basané, mais tout simplement parce qu'il portait un mûrier pour armes.

Or, on avait parlé à Louis-Marie Sforza de Léonard

de Vinci, et Louis-Marie Sforza fit demander au jeune homme de quoi il était capable.

Il est curieux de voir l'opinion que Léonard de Vinci avait de lui-même à l'âge de vingt-huit ans.

Voici ce qu'il répondit :

« Mon très-illustre seigneur, ayant vu et examiné attentivement jusqu'à ce jour les travaux de tous ceux qui se réputent maîtres et inventeurs d'instruments de guerre, et ayant reconnu que l'invention et le résultat de ces machines ne sont rien autre chose que ce qui est parfaitement connu jusqu'à ce jour, je m'efforcerai, sans porter préjudice à personne, de me faire comprendre de Votre Excellence en lui révélant mes secrets. En attendant le temps opportun d'en venir à cet effet, je mettrai sous les yeux de Votre Excellence la note suivante :

» 1° J'ai un moyen de faire des ponts très-légers, et propres à être transportés facilement, à l'aide desquels on peut poursuivre ou fuir l'ennemi ; j'en ai d'autres qui sont incombustibles, faciles à lever et à poser, et j'ai, de plus encore, des secrets pour brûler et détruire ceux des ennemis.

» 2° Je sais comment on peut, pendant le siége d'une place, tarir l'eau des fossés, et faire une multitude de ponts volants à échelons, et toute sorte d'autres instruments propres à faire réussir ladite expédition.

» 3° *Item* : Si, par la hauteur des ouvrages, ou par la force du lieu, on ne pouvait, dans le siége d'une place, faire usage de bombardes, j'ai le moyen de ruiner toute citadelle ou forteresse qui ne serait point bâtie sur le roc.

» 4° En outre, je possède le secret de faire des bombardes très-commodes, et faciles à transporter, avec lesquelles on peut lancer en détail la tempète et dont la fumée peut, en épouvantant l'ennemi, le jeter dans la confusion.

» 5° *Item* : Au moyen de chemins creux, étroits et tracés en zigzag, j'ai encore la faculté de faire avancer jusqu'à un certain..., dans le cas où il faudrait passer sous des fossés ou sous un fleuve.

» 6° *Item* : Je fais des chariots couverts, sûrs et indestructibles, lesquels entrent dans les rangs de l'ennemi avec leur artillerie, si bien qu'il n'y a si grande quantité de gens d'armes que ces chariots ne rompent ; en outre, derrière ces chariots, et protégée par eux, l'infanterie peut s'avancer sans aucun empêchement.

» 7° *Item* : Le cas échéant, je ferai des bombardes, mortiers et des passe-volants tout à fait inconnus, de très-belle et très-utile forme.

» 8° Là où les bombardes seraient insuffisantes, je composerai des catapultes, des balistes, des trébuchets et d'autres instruments hors d'usage, et d'une admirable efficacité ; enfin, selon les différents cas, je composerai une infinité de moyens offensifs.

» 9° Et, lorsque le combat se livrerait sur mer, je puis encore construire une multitude d'autres instruments offensifs et défensifs, des vaisseaux qui résisteront aux coups des plus grosses bombardes ; je puis enfin composer des poudres et des fusées (1).

» 10° En temps de paix, je crois pouvoir soutenir la concurrence avec quelque architecte que ce soit pour la construction des monuments publics ou des maisons particulières ; il en est de même pour conduire tout cours d'eau d'un lieu à un autre.

» 11° *Item :* Je conduirai à bonne fin tous travaux de sculpture en marbre, en bronze ou en terre ; et pareillement en peinture, j'espère pouvoir soutenir avantageusement la comparaison avec qui que ce soit.

» Je pourrais encore donner mes soins à la statue équestre qui doit être élevée à la gloire immortelle du seigneur votre père d'heureuse mémoire, et à celle de la noble maison des Sforza.

» Et, si quelques-unes des choses dites étaient jugées impossibles ou infaisables, je déclare que je suis prêt à en faire l'expérience dans votre parc ou dans quelque autre lieu qu'il plaira à Votre Excellence, à laquelle

(1) Il est sans doute ici question du feu grégeois, dont Léonard de Vinci donne la recette dans ses manuscrits.

je me recommande le plus humblement que je puis. »

La réponse de Sforza ne se fit pas attendre ; il invitait Léonard à venir à sa cour. Le jeune homme, plein de joie et d'espérance, quitta donc Florence pour Milan ; l'époque précise, on l'ignore ; il est probable cependant que ce fut vers l'an 1486.

Et, maintenant que Léonard s'était offert à Louis-Marie Sforza comme mécanicien, comme ingénieur, et, au besoin, comme peintre et comme statuaire, voulez-vous voir de quelle façon il se présenta à la cour de Milan ; je traduis textuellement Vasari :

« Léonard, précédé de sa grande renommée, vint à Milan, et fut présenté au duc Ludovic Sforza, successeur de Jean Galéas. Le duc aimait beaucoup à entendre jouer de la lyre, parce qu'il en jouait lui-même ; aussi Léonard arriva-t-il avec l'instrument qu'il avait fabriqué presque en argent massif, et auquel il avait donné la forme de la tète osseuse d'un cheval ; forme bizarre, mais qui ajoutait aux sons quelque chose de plus sonore et de plus vibrant. Dans une joute musicale, Léonard surpassa tous les instrumentistes qui avaient été appelés pour se faire entendre ; de plus, il fut reconnu le plus habile poète improvisateur de son temps. Aussi le duc, après l'avoir entendu, fut-il tellement épris de ses talents, qu'il le combla de compliments et de caresses, et lui demanda même un tableau d'autel, *la Nativité de Notre-Seigneur,* que le prince offrit à l'empereur quand il fut terminé. »

La première œuvre d'art qu'exécuta Léonard de Vinci, reconnu par Louis Sforza le premier joueur de lyre et le premier improvisateur du temps, fut donc (nous le savons grâce à Vasari) un tableau de *la Nativité de Notre-Seigneur.*

Ce tableau eut un tel succès, que Louis Sforza commanda aussitôt au peintre le portrait de ses deux maîtresses, Cécile Galerani et Lucrèce Crivelli, les deux plus belles personnes de Milan. Le portrait de Cécile, qui, elle aussi, était poëte, s'est perdu depuis, et il n'en reste qu'une copie à l'Ambrosienne ; quant à Lucrèce, qui sait ? c'est peut-être cette femme inconnue, vêtue de brocart rouge et or, que nous possédons au musée de Paris.

Tout en exécutant ces travaux particuliers, Léonard avait mission du duc de lui composer une académie. Cette académie exista ; mais, comme le portrait de Cécile, elle disparut, elle et les savants qui la composaient, si bien qu'il ne reste plus que le sceau de l'artiste qui l'avait instituée, et qui porte cet exergue : *Academia Leonardi Vinci.*

Puis vint la commande de la fameuse statue équestre dont l'artiste avait tant désiré obtenir l'exécution ; elle suivit probablement de très-près la livraison des tableaux de la *Nativité* et des portraits de Cécile et de Lucrèce, car nous trouvons dans les manuscrits de Léonard cette note écrite de sa main :

« Je commençai la statue le 23 avril 1490. »

Et, à propos de cette note, un mot sur un étrange caprice de Léonard, celui de tous les peintres peut-être qui a le plus écrit : c'est qu'à la manière des Hébreux, il écrivit constamment de droite à gauche. Pourquoi cela ? Pour dérouter les curieux, disent les commentateurs.

Comme nous n'avons pas de meilleure raison à donner, bonne ou mauvaise, nous reproduisons celle-là.

Léonard demeura à Milan, selon toute probabilité, comme nous l'avons dit, de 1486 à 1499. Voici, outre les œuvres déjà susmentionnées, la série de ses travaux pendant quinze ans.

D'abord il s'occupa constamment du modèle de sa statue équestre, qui fut, pendant douze ans de sa vie, le fond sur lequel, pour ainsi dire, il broda ses autres travaux ; en effet, on voit, par les notes mêmes de l'artiste, qu'il portait le plus grand intérêt à cette œuvre colossale, dont il fut obligé de renouveler plusieurs fois l'armature.

Puis, en outre, et comme, à ses moments perdus, il composa toutes les décorations destinées aux fêtes données à l'occasion du mariage de Jean Galéas et d'Isabelle d'Aragon ; ces fêtes, qui devaient surpasser en splendeur celles dont le fameux Brunellesco avait été le directeur à la cour de Florence, furent pour Léonard (si l'on en croit encore ses notes) l'objet d'une grande préoccupation.

Puis, revenant sans cesse à la mécanique, sa science favorite, il se charge de l'irrigation des prairies du Milanais, détourne des cours d'eau, invente des machines hydrauliques d'un effet inouï, et répand sur tout le sol milanais cette fertilité surnaturelle et cette verdure colossale qui, aujourd'hui, fait encore l'admiration des peintres qui traversent ces magnifiques paysages sans se douter que c'est à leur confrère Léonard de Vinci qu'ils doivent ces premiers plans dont Dieu, avec la masse neigeuse des Alpes, avait d'avance fait les sublimes lointains.

En outre, il écrivit, et toujours de droite à gauche, selon son habitude, son *Traité de peinture,* son *Traité de perspective*, dont parle Benvenuto Cellini ; son *Traité du mouvement local*, que cite, dans une lettre, son ami frère Luc Paciolo ; son *Traité de la lumière et des ombres*, qu'il relate lui-même et dont on possède, au reste, le manuscrit ; son *Traité des mouvements du corps de l'homme*, et enfin son *Traité d'anatomie du cheval.*

En outre, il avait fait trois ouvrages qui n'ont pas été retrouvés.

Le premier était une série de dessins, dans laquelle il indiquait la manière de se servir de toute sorte d'armes, soit pour attaquer, soit pour se défendre;

Le second, un recueil de trente moulins de formes et d'usages différents;

Le troisième, un ouvrage sur le vol des oiseaux.

Le vol des oiseaux avait, en effet, fort préoccupé Léonard de Vinci; car non-seulement il reste tous les dessins qu'il a faits sur les différents vols des oiseaux, mais encore, de temps en temps, les marges de ses manuscrits sont recouvertes d'images d'ailes artificielles et mécaniques, destinées à faciliter cette éternelle et fantastique recherche du vol de l'homme.

De plus, et en même temps, Léonard introduisait dans le Milanais la gravure sur bois et la gravure sur cuivre.

Puis, revenant à la peinture, qui, sans être son art de prédilection, était cependant celui dans lequel il devait exceller, il faisait le beau tableau de *la Vierge avec l'Enfant Jésus, saint Jean et saint Michel*, le seul des tableaux de Léonard qui porte une date, 1492.

Puis il exécuta à l'huile, dans le réfectoire de Sainte-Marie-des-Grâces, à Milan, les portraits de Louis Sforza, de sa femme et de ses enfants. Ce fut comme il achevait ces portraits, c'est-à-dire vers 1496, que le tableau qui devait être regardé comme son chef-d'œuvre, et, par conséquent, éterniser sa mémoire, lui fut commandé : nous voulons parler de la magnifique composition du *Cénacle,* plus connue sous le nom de *la Cène.*

Comme toujours, Léonard de Vinci, en sa qualité de chimiste, se préoccupa d'abord des moyens matériels d'exécution.

Léonard avait malheureusement décidé qu'il peindrait son tableau à l'huile, suivant en cela la nouvelle méthode exportée d'Allemagne en Italie par Jean de Bruges ; en effet, l'huile, qui admet toutes les retouches qu'il convient à l'artiste de faire, allait admirablement au génie tâtonneur de Léonard de Vinci, cet éternel désireur de l'impossible, c'est-à-dire de la perfection. Il prépara donc lui-même non-seulement les huiles, mais encore l'enduit sur lequel il devait peindre ; aussi les soins de l'architecte chargé par Louis Sforza de préparer à son peintre favori le local du réfectoire de Sainte-Marie-des-Grâces, se bornèrent-ils à peu de travaux et surtout à peu de dépenses, comme on peut le voir par la note suivante retrouvée dans ses livres :

Item, per lavori fatti in refettorio dove dipinge Leonardo gli Apostoli, con una finestra, livre 37 *e soldi* 16. »

Un an auparavant, le Montorfano, artiste déjà plus

que médiocre, avait peint, à l'une des extrémités de ce réfectoire, *Jésus entre les deux larrons.*

Puis, les moyens matériels préparés, Léonard passa aux travaux de la pensée.

D'abord il fit un carton de grandeur égale à celle qu'il devait donner à son tableau, c'est-à-dire de trente et un pieds quatre pouces de large et de quinze pieds huit pouces de haut.

Puis ensuite il peignit séparément les figures des douze apôtres et celle de Jésus.

Enfin, il refit une troisième fois ces mêmes têtes au pastel.

Maintenant, veut-on savoir comment Léonard procédait, en général, pour ses tableaux, et comment particulièrement il procéda dans son chef-d'œuvre, qu'on lise ce fragment publié en 1554 par Jean-Baptiste Giraldi ; il est tiré de son *Discours sur le roman et la comédie,* et nous l'empruntons au bel ouvrage de Stendhall, *De la peinture en Italie :*

« Le poëte dramatique doit suivre l'exemple du fameux Léonard de Vinci : ce grand peintre, quand il devait introduire quelque personnage dans un de ses tableaux, s'enquérait d'abord en lui-même de la qualité de ce personnage, s'il devait être du genre noble ou vulgaire, d'une humeur joyeuse ou sévère, dans un moment d'inquiétude ou de sérénité, s'il était vieux ou jeune, juste ou méchant ; après avoir par de longues méditations répondu à ces demandes, il allait dans les lieux où se réunissaient d'ordinaire les gens d'un caractère analogue, il observait attentivement leurs mouvements habituels, leur physionomie, l'ensemble de leurs manières ; et, toutes les fois qu'il trouvait le moindre trait qui pût servir à son objet, il le crayonnait sur le petit livre qu'il portait toujours avec lui. Lorsque, après bien des courses, il croyait avoir recueilli des matériaux suffisants, il prenait enfin les pinceaux.

» Mon père, homme fort curieux de ces sortes de détails, m'a raconté mille fois que Léonard employa surtout cette méthode pour son fameux tableau de Milan.

» Il avait terminé son Christ et ses onze Apôtres, mais il n'avait fait que le corps de Judas ; la tête manquait toujours, et il n'avançait pas son ouvrage. Le prieur, impatienté de voir son réfectoire embarrassé de l'attirail de la peinture, alla porter ses plaintes au duc Ludovic, qui payait très-noblement Léonard pour cet ouvrage. Le duc le fit appeler et lui dit qu'il s'étonnait de tant de retard. Vinci lui dit qu'il avait lieu de s'étonner à son tour des paroles de Son Excellence, puisque la vérité était qu'il ne passait point de jour qu'il ne travaillât deux heures entières à ce tableau.

» Les moines revenant à la charge, le duc leur rendit la réponse de Léonard.

» — Seigneur, lui dit l'abbé, il ne reste plus à faire qu'une tête, celle de Judas ; mais il y a plus d'un an que non-seulement il n'a point touché au tableau, mais qu'il n'est pas même venu le voir une seule fois.

» Le duc, irrité, fait revenir Léonard.

» — Est-ce que ces pères savent peindre ? répond celui-ci. Ils ont raison, il y a longtemps que je n'ai mis le pied dans leur couvent ; mais ils ont tort quand ils disent que je n'emploie pas tous les jours deux heures au moins à cet ouvrage.

» — Comment, dit le duc, si tu n'y vas pas?

» — Votre Excellence saura qu'il ne me reste plus à faire que la tête de Judas, lequel a été cet insigne coquin que tout le monde sait ; il convient donc de lui donner une physionomie qui réponde à tant de scélératesse ; pour cela, il y a un an et peut-être davantage, que je vais tous les jours, soir et matin, au *Borghetto*, où Votre Excellence sait bien qu'habite toute la canaille de sa capitale ; mais je n'ai pu encore trouver un visage de scélérat qui satisfasse à ce que j'ai dans l'idée ; une fois ce visage trouvé, en un jour je finis le tableau. Si cependant mes recherches sont vaines, je prendrai les traits de ce père prieur qui vient se plaindre de moi à Votre Excellence, et qui, d'ailleurs, remplit parfaitement mon objet ; mais j'hésitais depuis longtemps à le tourner en ridicule dans son propre couvent.

» Le duc se mit à rire, et, voyant avec quelle profondeur de jugement le Vinci composait ses ouvrages, comprit comment son tableau excitait déjà une admiration si générale. Quelque temps après, Léonard, ayant rencontré une figure telle qu'il la cherchait, en dessina sur la place les principaux traits qui, joints à ce qu'il avait déjà recueilli pendant l'année, le mirent à même de terminer rapidement sa fresque. »

Mais, s'il faut en croire Jean-Paul Lomazzo, qui a laissé un des meilleurs traités de peinture que nous ayons, la tête de Judas ne fut point la seule qui préoccupa fortement Léonard ; celle du Christ, à laquelle il fallait donner autant de douceur, d'élévation et de divinité qu'il fallait donner de bassesse à celle du traître, lui causa une peine non-seulement égale, mais plus grande encore. Nous traduisons et mettons sous les yeux de nos lecteurs un fragment du chapitre IX du premier livre de ce traité :

« Parmi les peintres modernes, Léonard de Vinci, peintre admirable, donna une si grande beauté et une telle majesté à saint Jacques le Majeur et à son frère dans le tableau de *la Cène*, qu'ayant ensuite à peindre la figure de Jésus-Christ, il ne put l'élever au degré d'idéalisme qui lui semblait convenable. Après avoir longtemps cherché, il alla demander conseil à son ami Bernard Zenale, qui lui dit :

» — O Léonard ! l'erreur que tu as commise est si grande, que Dieu seul peut y porter remède ; car il n'est pas plus en ton pouvoir qu'en celui d'aucun homme de donner à des personnages une beauté plus grande et un air plus divin que tu ne l'as fait pour les têtes de saint Jacques le Majeur et de son frère : ainsi, laisse ton Christ inachevé ; car tu ne feras jamais qu'il soit le Christ près de ces deux apôtres.

» Et Léonard suivit ce conseil, comme on peut le reconnaître encore aujourd'hui, quoique la peinture tombe en ruine. »

Lomazzo écrivait ceci vers l'an 1560, c'est-à-dire soixante-deux ans après l'achèvement du tableau de *la Cène*.

Léonard comprenait de quelle importance serait ce tableau pour sa renommée ; aussi, s'il faut en croire Matteo Bandello (que François 1er trouva si jovial conteur, qu'il le fit évèque), pendant tout le temps qu'il y travailla, ce tableau fut-il la constante et éternelle préoccupation de l'artiste. Écoutez ce qu'en dit le bon évèque dans sa LVIII° nouvelle :

« Au temps du prince Ludovic, quelques gentils-hommes, qui étaient à Milan, se trouvèrent un jour

réunis au monastère des Grâces, dans le réfectoire des
pères dominicains ; ils regardaient en silence Léonard
de Vinci, qui achevait alors son tableau de *la Cène*. Ce
grand peintre avait pour agréable que ceux qui voyaient
ses ouvrages lui en dissent leur avis en toute liberté.
Il venait souvent, dès le matin, au couvent des Grâces,
et (cela, je l'ai vu moi-même) il montait en courant
sur son échafaud, où, une fois arrivé, il oubliait tout,
jusqu'au soin de boire et de manger ; de sorte que souvent il ne quittait point ses pinceaux depuis le lever du
soleil jusqu'à ce que la nuit, en devenant tout à fait obscure, le mit dans l'impossibilité absolue de travailler
plus longtemps. D'autres fois, au contraire, il était
trois ou quatre jours sans toucher à son œuvre, la regardant seulement une heure ou deux les bras croisés,
et faisant sans doute sa propre critique en lui-même.
Enfin je l'ai vu en plein midi, quand l'ardente canicule
rend désertes les rues de Milan, quitter la citadelle, où
il modelait en terre la statue équestre et colossale du
père de Ludovic, et venir droit au couvent, sans chercher l'ombre, par le chemin le plus direct ; puis, arrivé là, donner en hâte un ou deux coups de pinceau à l'une de ses figures, et s'en retourner à l'instant
même. »

Aussi, lorsqu'en 1498, époque à laquelle (selon le
témoignage de Luca Paciolo) cette grande œuvre fut

terminée, et que Léonard l'exposa à l'avide curiosité du public, l'effet qu'elle produisit fut-il tel, qu'aucune description ne peut le rendre, qu'aucun éloge ne peut en donner une idée.

En effet, jamais jusque-là, et peut-être jamais depuis, le fini de l'exécution n'avait été joint à un égal degré à la sublime ordonnance de la composition.

Tout le monde connaît ce tableau par la belle gravure qu'en a faite Morghen : je ne tenterai donc pas de le décrire ; je me bornerai à indiquer l'ordre dans lequel sont placés les apôtres, en commençant par le personnage debout à la gauche du spectateur.

Saint Barthélemi, saint Jacques le Mineur, saint André, saint Pierre, Judas, saint Jean, Jésus, saint Jacques le Majeur, saint Thomas, saint Philippe, saint Matthieu, saint Thaddée et saint Simon.

Je ne sache pas qu'aucune gravure donne ces noms, qui se trouvent inscrits au-dessous des personnages dans une vieille copie de *la Cène* qui existe encore à Ponte-Capriasco.

Puisque nous avons prononcé ce nom de Ponte-Capriasco, racontons la tradition qui se rattache à cette copie du chef-d'œuvre de Léonard de Vinci.

Un jour, un beau et élégant seigneur, qui fuyait Milan, vint se cacher dans ce village, où il reçut l'hospitalité : en échange de cette hospitalité, il demanda des couleurs et des pinceaux, et exécuta cette fresque. A la vue de la copie dont l'étranger venait d'enrichir leur pauvre bourgade, les principaux du pays voulurent attribuer à leur hôte un salaire quelconque ; mais ce-lui-ci refusa d'abord avec obstination : enfin, contraint de céder, il accepta soixante et dix écus qui lui étaient offerts ; mais aussitôt il descendit sur la place, et les distribua aux plus pauvres habitants de Ponte-Capriasco ; puis il alla dans l'église où il avait exécuté son œuvre, suspendit au pied du Christ la ceinture rouge qu'il avait l'habitude de porter, monta à cheval, et dis-parut.

Nul ne revit jamais le jeune étranger, nul ne sut ja-mais qui il était.

Ceci ce passait en l'an 1520.

Quant à Léonard de Vinci, Ludovic Sforza fut si enchanté de la perfection de son œuvre, qu'outre la somme qu'il lui avait promise, et qui lui fut fidèlement payée, il lui fit encore don de ce qu'on appelle en Italie une vigne : c'était une petite terre qui pouvait rapporter à peu près cent écus de rente.

La Cène achevée, Léonard de Vinci se remit à la statue équestre. Mais à peine était-il revenu à ce grand travail, qui touchait enfin à son résultat, que Louis XII, en vertu de ses droits sur le duché de Milan, en fit la conquête en vingt jours : Ludovic, battu sur tous les points où il voulut résister, quitta précipitamment sa capitale, dont le vainqueur s'empara.

Léonard de Vinci resta : demeura-t-il par une philosophie insouciante, qui, née chez lui du désir d'approfondir les choses de la science, lui faisait regarder cet événement comme de peu d'importance ? fut-il retenu par cet amour plus fort que la reconnaissance, et qui attache l'artiste à son œuvre ? Nul ne le sait. Le fait est que Léonard de Vinci ne suivit point son bienfaiteur, et demeura à Milan.

Mais, s'il resta à Milan par égoïsme, cet égoïsme reçut une cruelle punition : les Français, à cette époque, avaient conservé bon reste de la barbarie des Teutons leurs aïeux ; de sorte que, soit par insouciance, soit par haine, ils commencèrent par détruire tous les ornements et toutes les peintures que Léonard avait exécutés dans les palais du duc ; puis ils démolirent les écuries du palais de Galéas San-Severino, qui avaient été élevées sur les plans de Léonard ; enfin ils prirent le modèle en terre de la statue équestre, à laquelle l'artiste travaillait depuis douze ans, pour but de leurs traits, et le criblèrent de flèches et viretons.

Le coup fut terrible pour le pauvre Léonard de Vinci : il vit qu'il n'y avait rien à faire avec de pareils barbares ; et, comme les vainqueurs, au lieu d'encourager les arts et les sciences avec les trésors du vaincu, les dépensaient en tournois, en bals et en fêtes, il quitta cette cour anti-artistique, et, accompagné de son élève Salai et de son ami fra Paciolo, il reprit le chemin de Florence, où il arriva heureusement.

Léonard de Vinci était alors arrivé à l'âge de quarante-sept ans.

Nous dirons plus tard comment, dans le malheur qui poursuivait Léonard de Vinci, ce chef-d'œuvre de peinture qu'il venait de composer devait à peine lui survivre.

Léonard s'établit à Florence. Là, il reprit les projets qu'il avait déjà proposés à Laurent : il calcula les moyens de rendre l'Arno navigable en le canalisant ; mais, ses calculs faits, il n'obtint aucune aide du gouvernement florentin, et fut obligé d'abandonner son projet, qui ne fut exécuté que deux siècles plus tard sous la direction de Viviani.

Force fut donc à Léonard de Vinci de revenir à la peinture, son pis-aller.

Ce fut alors qu'il fit le portrait de Ginevra d'Amerigo Benci, connue en France sous le nom de la belle Féronnière et celui de Mona Lisa, femme de Francesco *del Giocondo*, connue sous le nom de la Joconde, qui (malgré la pénurie d'argent où se trouvait François Ier) fut payé par lui quarante-cinq mille francs. Léonard de Vinci avait travaillé quatre ans à ce portrait, et le regarda toujours comme inachevé.

C'est à cette époque que remonte aussi sa composition de *la Vierge et sainte Anne*, dont le Musée de Paris possède une répétition peinte par Salai et retouchée par Léonard.

Sur ces entrefaites, César Borgia, qui avait entendu parler de Léonard de Vinci comme d'un homme dont les inventions guerrières pouvaient lui être utiles, le nomma ingénieur en chef de ses armées ; en effet, c'était un homme précieux pour Borgia qu'un homme comme Léonard ! Cependant les services que le grand artiste rendit au conquérant de la Romagne sont restés inconnus : on sait seulement qu'il fit une tournée d'un an à peu près, et revint à Florence, après avoir visité Urbin, Pesaro, Rimini, Cesène, Cesenatico, Sienne et Piombino.

Ce fut à son retour que Léonard de Vinci, nommé par Soderini (gonfalonier perpétuel de Florence) peintre de sa maison, fut chargé par un décret spécial de peindre la grande salle du conseil concurremment avec Michel-Ange.

En effet, en arrivant à Florence, à son retour de Milan, Léonard avait trouvé le jeune sculpteur en possession de l'admiration presque exclusive de ses compatriotes. Michel-Ange avait alors vingt huit ans : quant à Raphaël, qui n'en avait que dix-neuf, il n'en était encore question que dans la boutique du Pérugin.

C'était un terrible rival à combattre que Michel-Ange ! D'abord il arrivait, et l'on sait avec quelle facilité on accueille tout génie naissant dont on espère se faire une arme pour renverser les génies parvenus à leur apogée : c'est l'éternelle histoire du paysan fatigué d'entendre depuis si longtemps Aristide appelé le Juste.

Quinze ans plus tard, on devait attaquer Michel-Ange avec le jeune Raphaël, comme on attaquait Léonard de Vinci avec le jeune Michel-Ange.

Léonard accepta bravement le combat, et se prépara à la lutte.

Chacun des deux rivaux fit son carton : Léonard dans la salle appelée la salle du Pape, attenante à l'église de Sainte-Marie-Nouvelle ; Michel-Ange dans l'atelier de l'hôpital de Sant'Onofrio. Tous deux avaient reçu pour sujet la bataille d'Anghiari, gagnée par les Florentins sur Nicolas Piccinino, général de Philippe-Marie Visconti. Chacun était libre de choisir l'épisode du combat qui lui conviendrait le mieux.

C'était une rude bataille que cette bataille d'Anghiari, et dont la mémoire méritait bien, au reste, d'être éternisée par le pinceau d'un Léonard et d'un Michel-Ange ! il y avait eu, tant d'un côté que de l'autre, un homme tué, encore était-ce par accident : ayant perdu les arçons, il avait été foulé aux pieds des chevaux.

Michel-Ange, cet admirateur du nu, ce savant peintre de la musculature humaine, ce statuaire qui peut-être avait encore eu plus souvent à la main le scalpel que le ciseau, Michel-Ange choisit un épisode qui allait admirablement à son génie : c'était le moment où un gros Florentin, en train de se baigner dans l'Arno, est surpris par l'avant-garde ennemie.

De son côté, Léonard de Vinci, qui savait que Michel-Ange avait eu peu d'occasions d'étudier les chevaux, choisit un engagement de cavalerie.

Les deux cartons furent exposés en 1504 ; Florence se sépara en deux camps. Cependant, il faut le dire, la majorité des suffrages contemporains fut pour le jeune Michel-Ange.

La postérité ne fut point appelée à rectifier ou à confirmer ce jugement, les deux cartons ayant été détruits.

La même année, Léonard perdit son père.

En 1505, Léonard reçut un message de Louis XII, qui l'invitait à venir en France. Enchanté de quitter Florence, qu'il trouvait avec quelque raison injuste envers lui, Léonard se hâta de traverser les Alpes.

En 1506, il est à Blois : qu'y fait-il ? Nul ne le sait. Les notes seules de ses manuscrits font foi qu'il y demeura pendant toute cette année.

En 1507, on retrouve Léonard en Lombardie : il existe une lettre de lui adressée à ses sœurs, et datée de la Canonica sur l'Adda ; il y habitait la maison de François Melzi, un de ses plus chers et de ses plus fidèles amis.

Léonard paya cette hospitalité en peignant sur une muraille une Vierge colossale dont la tête seule avait six palmes de haut. Cette fresque exista jusqu'en 1796. En 1796, les soldats français, dignes fils de leurs ancêtres du temps de Louis XII, allumèrent le feu de leurs marmites contre le mur sur lequel elle était peinte : la tête de Marie et celle de l'Enfant Jésus ont seules été épargnées par la flamme et par la fumée ; tout le reste de la fresque a disparu.

Plus heureux qu'en France, le biographe peut suivre Léonard en Lombardie ; un chapitre tout entier de ses manuscrits, intitulé *Du canal de la Martezana*, indique qu'il s'occupait :

1° Des moyens de diminuer les pertes qui résulteraient pour le Lodigiano des eaux que l'on détournerait de l'irrigation des terres de culture et des prairies en faveur de la navigation ;

2° Des moyens de remédier à cette perte en cherchant des sources actives, afin d'employer leurs eaux à l'irrigation des terres.

Au reste, près de ces notes d'art ou de science, pas une note politique ! Léonard travaillait alors pour Louis XII avec la même ardeur et probablement le

même dévouement qu'il avait travaillé pour Louis
Sforza : on eût dit que tous les événements contemporains tournaient autour de cet homme sans le toucher,
et que, comme Archimède, occupé sans cesse de quelque
problème, l'élévation ou la chute d'un empire ne lui
paraissait pas valoir la peine qu'il levât les yeux des
lignes qu'il traçait sur le sable de son jardin.

Nous nous trompons, il existe cependant une trace
de cette grande catastrophe dans les œuvres de Léonard ; on lit en tête d'un de ses manuscrits : « Le duc
Sforza a perdu l'État, ses biens et la liberté. »

Aucun de ces ouvrages n'a été achevé. Louis XII
récompensa les travaux hydrauliques de Léonard de
Vinci en lui donnant un cours d'eau à prendre dans le
grand canal près San-Cristoforo.

Sur ces entrefaites eut lieu la fameuse victoire d'Ai-
gnadel : Léonard fit le portrait du général vainqueur,
Jean-Jacques Trivulce. Ce fut à cette occasion, à ce que
l'on croit, qu'il eut le titre de peintre du roi et des appointements fixes.

Trois ans après, les princes d'Italie s'unirent pour
chasser les Français ; l'empereur Maximilien et le pape
Jules II entrèrent dans la ligue : les conquérants de la
Lombardie repassèrent les Alpes ; et le jeune Maximilien, fils de Ludovic Sforza et petit-fils de l'empereur,
remonta sur le trône de son père.

Léonard de Vinci, fidèle à son système d'indifférence politique, fit alors le portrait du jeune duc, comme il avait fait celui de Ludovic Sforza et de sa femme. Mais sans doute, vu la misère des temps, Léonard fut mal récompensé de ce nouveau travail ; et, en 1513, il retourne à Florence avec Melzi et Salai, ses deux inséparables.

La famille des Médicis, longtemps exilée, venait de reprendre un double pouvoir, pouvoir temporel, pouvoir spirituel : Julien était redevenu chef de Florence, le cardinal Jean venait de monter au trône pontifical sous le nom de Léon X.

Ce qui avait déterminé le départ de Léonard de Vinci de Milan était sans doute des ouvertures à lui faites par Julien de Médicis, car on lit dans ses manuscrits :

« Je partis de Milan pour Rome le 24 septembre 1514. »

En effet, Léonard accompagne Julien ; et tous deux arrivent dans la ville éternelle pour le couronnement de Léon X.

Mais ce n'était plus seulement Michel-Ange que Léonard devait rencontrer à la cour de Rome, c'étaient Michel-Ange et Raphaël.

Cependant, vivement recommandè, comme l'était Léonard, par Julien de Médicis, l'auteur de *la Cène* et de *la Joconde* obtint la commande d'un ouvrage important. Quel était cet ouvrage, on n'en sait rien : était-ce un tableau ? était-ce une fresque ? Tout ce qu'on sait, c'est que, sur cette commande, le peintre se mit aussitôt, selon ses habitudes chimiques, à distiller des herbes pour composer un vernis ; ce qu'ayant appris le pape :

— Certes, dit-il en haussant les épaules, nous n'aurons jamais rien de cet homme, puisque, avant d'avoir commencé son ouvrage, il pense déjà à la fin.

Ce propos fut rapporté à Léonard de Vinci, qui quitta aussitôt Rome. Il y était resté un peu moins d'un an.

Selon toute probabilité, ce fut pendant cette période qu'il fit à Sant'Onofrio, dans ce même couvent où est enterré le Tasse, une *Madone portant l'Enfant Jésus entre ses bras*, et qu'il exécuta pour Balthazar Turini, dataire de Léon X, deux tableaux, plus la magnifique *Madone* qui, après être restée longtemps dans le palais des ducs de Mantoue, où elle fut volée par des soldats allemands, fut vendue à l'abbé Salvadori, dont les héritiers la revendirent aux agens de Catherine II : ce tableau, l'un des plus parfaits de Léonard, est aujourd'hui au palais de l'Ermitage.

Mais ce qui détermina surtout Léonard à quitter Rome, c'est que le roi François Ier, après avoir travers les Alpes, à son tour, avait gagné la bataille de Marignan, et venait de s'emparer du Milanais. Léonard de Vinci avait deviné François Ier : c'était là le prince qu'il lui fallait.

Léonard arriva à Pavie au moment où la ville donnait une fête à ce vainqueur, qu'elle devait, quelques années plus tard, voir plus grand encore dans sa défaite qu'elle ne le voyait dans son triomphe : le roi était à table avec les principaux seigneurs de sa cour, lorsque la porte s'ouvrit, et qu'on vit entrer un lion qui marcha droit au convive couronné, et qui, se dressant sur ses pattes de derrière, lui montra sa poitrine creusée et toute pleine de bouquets de lis. L'imitation de l'animal était si parfaite, que François Ier avait cru d'abord avoir affaire à un lion véritable ; mais, reconnaissant bientôt que c'était une surprise, il s'informa à qui il devait cette galanterie : on lui répondit que c'était à Léonard de Vinci.

François Ier connaissait Léonard, non-seulement de nom, mais encore par ses œuvres : il avait vu *la Cène* en passant à Milan, et il avait été tellement frappé de la beauté de ce chef-d'œuvre, qu'il avait fait venir ses ingénieurs, et qu'il s'était informé s'il n'y avait pas moyen de scier la muraille et de la transporter en France au moyen d'une armature.

L'accueil que François Ier fit à Léonard de Vinci fut donc tel que celui-ci pouvait le désirer. Il lui offrit d'abord de l'accompagner à Bologne, où il devait avoir une conférence avec Léon X : proposition que le peintre accepta avec d'autant plus de joie que c'était pour Léonard une occasion de montrer au pape qu'il avait trouvé près d'un autre cette sympathie qu'il lui avait refusée.

Puis, à son retour à Milan, François Iᵉʳ proposa à Léonard de l'emmener en France avec le titre de son peintre et sept cents écus d'appointements.

Léonard avait soixante-quatre ans ; l'Italie était pleine de la renommée de ses deux jeunes rivaux, Michel-Ange et Raphaël : il accepta les offres du roi de France, et, vers la fin de 1516, il repassa les Alpes avec lui.

Léonard passa trois années, à peu près, en France : pendant ces trois années, il habita le château du Clou, près d'Amboise, faisant quelques projets de canaux, mais refusant absolument d'entreprendre aucune peinture.

En 1518, il sentit que la mort approchait, et, avant que de mourir, dit Vasari, il tourna ses pensées vers les vérités catholiques.

Le 18 avril, il fit son testament : dans ce testament, il recommandait son âme à Dieu, à la glorieuse Vierge Marie, et à tous les bienheureux et bienheureuses saintes du paradis ; en outre, il exprimait son désir d'être enterré dans l'église de Saint-Florentin à Amboise, et instituait pour son héritier François Melzi, cet ami que nous avons trouvé si souvent près de lui, et qui l'avait accompagné en France.

Une vieille tradition, bien souvent combattue, mais que rien n'a pu détruire, veut que François Ier ait lui-même assisté Léonard de Vinci au jour de sa mort, qui eut lieu le 2 mai 1519.

Telle fut la vie de l'homme dont le nom est resté presque l'égal des deux plus grands noms qui existent en art, de Michel-Ange et de Raphaël : précurseur de tous deux, il était déjà à son apogée lorsque Michel-Ange débutait par son groupe de *la Piété*, et lorsque Raphaël entrait, conduit par son père, dans l'atelier du Pérugin : et cependant, moins heureux que l'auteur de *Moïse* et celui de *la Transfiguration*, aucune de ces grandes œuvres qui eussent pu supporter la comparaison avec celles de ses rivaux ne lui survécut pour plaider sa cause près de la postérité. En effet, nous avons vu comment le modèle de sa statue colossale fut détruit; on ignore comment le grand carton de la salle du conseil de Florence a disparu. Disons maintenant comment fut anéanti le chef-d'œuvre du réfectoire de Sainte-Marie-des-Grâces.

Que nos lecteurs nous permettent encore d'emprunter à M. Stendhall ce dernier fragment :

« Lorsqu'en 1515 le roi François 1er entra en Italie, *le Cénacle* était encore dans tout son éclat ; aussi eut-il, comme nous l'avons dit, l'idée de le faire transporter en France. Mais, dès l'an 1540, c'est-à-dire vingt et un ans à peine après la mort de son auteur, Armenini nous le représente déjà comme à demi effacé ; Lomazzo assure, en 1560, que les couleurs avaient bien vite disparu, et que, les contours seuls restant, l'on ne pouvait plus admirer que le dessin.

» En 1524, il n'y avait presque plus rien à voir dans cette fresque, dit le chartreux Sanèse ; en 1652, les pères dominicains, trouvant peu convenable l'entrée de leur réfectoire, n'eurent point de remords de couper les jambes au Sauveur et aux apôtres voisins, pour agrandir la porte d'un lieu si considérable : on sent l'effet des coups de marteau sur un enduit qui déjà de toutes parts se détachait de la muraille! Après avoir coupé le bas du tableau, les moines firent clouer l'écusson de l'empereur dans la partie supérieure, et ces armes étaient si amples, qu'elles descendaient jusqu'à la tête de Jésus.

» Il était écrit que les soins de ces gens-là seraient aussi funestes au chef-d'œuvre de Léonard que l'avait été leur indifférence : en 1726, ils prirent la fatale résolution de faire restaurer ce tableau par un nommé Belloti, barbouilleur qui prétendait avoir un secret ; il en fit l'expérience devant quelques moines délégués, les trompa facilement, et enfin se fit une cabane couverte devant *le Cénacle :* caché derrière cette toile, il osa repeindre en entier ce tableau de Vinci ; il le découvrit ensuite aux moines stupides, qui admirèrent la puissance du secret pour raviver les couleurs. Belloti, bien payé et qui n'était pas peu charlatan, donna aux moines, par reconnaissance, la recette du procédé.

» Le seul morceau qu'il respecta fut le ciel, dont apparemment il désespéra d'imiter avec ses couleurs grossières la transparence vraiment divine : jugez-en par le ciel charmant de ce tableau du Pérugin qui est au bout du Musée.

» La partie plaisante de ce malheur, c'est que les louanges sur la finesse pleine de grâce du pinceau de Léonard ne manquèrent point de continuer de la part des connaisseurs : un M. Cochin, artiste justement estimé à Paris, trouvait ce tableau fort dans le goût de Raphaël.

» A leur tour, les couleurs de Belloti se ternirent, et probablement le tableau fut encore retouché avec des couleurs en détrempe. Il fut question, en 1770, de le faire rétablir de nouveau ; mais, cette fois, on délibérait longuement parmi les amateurs, et avec une attention digne du sujet, lorsque, sur la recommandation du comte de Firmian, gouverneur de Milan, et, de plus,

homme d'esprit dont ce n'est point là le plus beau
trait, le malheureux tableau fut livré à un M. Mazza
qui acheva de le ruiner : l'impie eut l'audace de racler
avec un fer à cheminée le peu de croûtes vénérables
qui restaient depuis Léonard ! il appliqua même sur les
parties qu'il voulait repeindre une teinte générale, afin
de placer plus commodément ses couleurs. Les gens de
goût murmurèrent tout haut contre le barbouilleur et
son protecteur.

» Mazza n'avait plus à faire ou plutôt à défaire que les
têtes des apôtres Matthieu, Thaddée et Simon, quand le
prieur du couvent, qui s'était empressé de donner les
mains à tout ce que Son Excellence avait paru désirer,
obtint, mais trop tard, une place à Turin. Son successeur, le père Galloni, dès qu'il eut vu le travail de
Mazza, l'arrêta tout court.

» En 1796, le général en chef Bonaparte alla visiter le
tableau de Vinci : il ordonna que le lieu où étaient ces
restes fût exempt de tout logement militaire, et en si-
gna même l'ordre sur son genou avant de remonter à
cheval. Mais, peu après, un général, dont je tairai le
nom, se moqua de cet ordre, fit abattre les portes, et
fit du réfectoire une écurie : ses dragons trouvèrent
même plaisant de lancer des morceaux de brique à la
tête des apôtres. Après eux, le réfectoire des dominicains devint un magasin à fourrage : ce ne fut que

longtemps après que la ville obtint la permission de murer la porte.

» En 1800, une inondation mit un pied d'eau dans cette salle abandonnée, et cette eau ne s'en alla que par évaporation ; en 1807, le couvent était devenu une caserne. Le vice-roi fit restaurer cette salle avec le respect dû au grand nom de Léonard. Sous ce gouvernement despotique, rien de ce qui était grand ne se trouvait difficile ; le génie qui de loin civilisait l'Italie voulut rendre éternel ce qui restait du tableau de *la Cène*, et, de la même main qui envoyait à l'exil l'auteur d'*Ajace*, il signait le décret en vertu duquel *le Cénacle* a été copié en mosaïque de la grandeur même de l'original : entreprise qui surpasse tout ce que la mosaïque a tenté jusqu'ici, et qui touchait presque à sa fin lorsque l'étoile de Napoléon cessa de briller sur l'Italie.

» Pour le travail de l'artiste, il fallait une copie ; le prince confia ce travail à M. Bossi. En voyant la copie de la Chartreuse de Pavie, et celle de Castellazzo, on prend une haute idée du crédit que ce peintre avait à la cour du prince Eugène.

» C'est d'après la fresque de Castellazzo qu'a été fait le dessin de Matteini gravé par Morghen.

» Cette gravure est une des plus répandues, peut-être, qui soient au monde. »

PINTURICCIO

Sienne, la présomptueuse, qui ne voulait de peintres
que ceux qui naissent chez elle, avait, pendant trois siècles, grâce à ses Guido, ses Duccio et ses Memmi, réalisé
cette présomption. Mais enfin était arrivée une époque
où le génie national s'était tari, où cet enfantement de
grands hommes avait cessé, et ceux qui lui restaient ne
rappelaient pas mieux ceux qu'elle avait perdus que le
squelette ne rappelle le corps.

Il avait donc fallu, un jour, que cette fierté séculaire
tombât, et, ne pouvant plus se nourrir elle-même,
qu'elle appelât dans son sein une école étrangère ; c'est
à Pérouse qu'elle s'adressa, et Pérouse lui envoya Benedetto Buonfiglio d'abord, puis Pietro Vanucci, et enfin
Bernardino Pinturiccio, l'élève du Pérugin et l'ami de
Raphaël. C'était donc une bonne fortune pour la ville

appauvrie ; car, pour peu que le peintre envoyé eût gardé quelque chose de son maître, emprunté quelque chose à son ami, et reçu lui-même quelque chose de Dieu, il pouvait à lui seul féconder cette stérilité universelle. C'est ce qui arriva, et, pour commencer, il écrivit son nom sur dix fresques magnifiques dans la cathédrale, et révéla à la ville étonnée un progrès dont elle ne se doutait pas.

Cependant, à l'époque où Bernardino vint à Sienne, Raphaël était encore presque un enfant qui, comme s'il eût deviné qu'il devait mourir jeune, ne perdait pas de temps, et se faisait homme tout de suite. Pinturiccio avait donc prévu en lui un avenir exceptionnel, et, afin de le faire entrer le plus tôt possible dans cet avenir, il se l'était associé et avait pris ses croquis pour exécuter les fresques de Sienne. C'était toute une nouvelle école à créer ; car la peinture profane avait jusqu'alors été fort négligée au profit de la peinture évangélique, surtout dans l'atelier du Pérugin.

Ces fresques devaient représenter la vie de Pie II, le pape poëte qui, après avoir été le plus violent adversaire des héritiers de saint Pierre, avait, pour arriver au trône légué par l'apôtre, démenti ses anciennes doctrines et renié ses premiers écrits, et avait tenté d'assembler toute la chrétienté pour une croisade contre les Turcs ; expédition qui ne plut sans doute pas à

Dieu, car il en rappela le chef à lui avant qu'il eût pu
la commencer.

Bernardino fit ses dix compositions ainsi divisées :

La première représentait la naissance du pape Pie II,
en 1405, à Carsignano, appelé plus tard Pienza, du
nom du pontife, qui, de cette bourgade, fit une ville. A
côté de Pie II, dont le nom, avant d'être pape, était
Enea, le peintre avait placé les portraits de son père
Silvio Piccolomini et de sa mère Vittoria. Dans ce
même cadre, on voyait Enea avec Domenico, cardinal
de Caprasina, traversant les Alpes couvertes de neige
et de glace pour se rendre au concile de Bâle.

La seconde montrait le concile envoyant Enea en
ambassade à Strasbourg, à Trente, à Constance, à
Francfort et en Savoie.

La troisième figurait Enea envoyé par l'antipape Félix auprès de Frédéric III, empereur d'Allemagne, qui
lui trouva tant d'éloquence et d'esprit, qu'il lui décerna
la couronne poétique, le nomma protonotaire, le mit
au nombre de ses amis et le choisit pour son premier
secrétaire.

La quatrième, c'est Enea envoyé par l'empereur Frédéric à Eugène IV, qui le nomme évêque de Trente, et
ensuite archevêque de Sienne, sa patrie.

Après celle-ci venait celle représentant Frédéric, qui,
voulant aller prendre la couronne impériale en Italie,

charge Enea de se rendre à Télamone, port siennois, pour recevoir sa femme Leonora, qui arrivait de Portugal.

Puis venait le sixième tableau rappelant la mission confiée par Frédéric à Enea pour décider Calixte IV à combattre les Turcs. Le pape se sert d'Enea pour éteindre la guerre allumée à Sienne par le comte de Pitigliano et d'autres seigneurs sous l'instigation d'Alphonse, roi de Naples. La paix conclue, on déclare la guerre aux Orientaux ; Enea retourne à Rome et reçoit le chapeau de cardinal des mains de Calixte IV.

Puis c'est l'exaltation d'Enea à la papauté sous le nom de Pie II, après la mort de Calixte.

Puis c'était le marquis Lodovico Gonzaga accueillant avec magnificence le pape, qui entre à Mantoue pour assister au concile qu'il avait convoqué dans le but d'armer les princes chrétiens contre les infidèles.

Venait ensuite la canonisation de sainte Catherine de Sienne, religieuse de l'ordre de Saint-Dominique.

Enfin le dixième et dernier tableau de cette série, c'était la mort de Pie II à Ancône. Un saint ermite camaldule aperçoit, suivant une légende, l'âme du pape portée au ciel par des anges au moment où elle dépouille son enveloppe terrestre. Pinturiccio a peint dans le même cadre la translation du corps de Pie II, d'Ancône à Rome, au milieu d'une foule de seigneurs et de prélats qui pleuraient la mort du saint-père.

Tout cela était d'une couleur, d'une finesse et d'un éclat merveilleux.

Au milieu de la bibliothèque, le cardinal Francisco Piccolomini plaça le groupe en marbre des trois Grâces; le premier morceau de l'antiquité qui éveilla cette admiration qui allait devenir si funeste à l'art chrétien, et qui allait, comme nous l'avons déjà dit, faire changer par Michel-Ange la route tracée par Giotto et continuée par Pérugin.

Ce qu'il y a de curieux et de beau dans la biographie des peintres de cette époque, c'est que, partout où ils passent, ils trouvent une grande chose et coudoient un grand homme. Ainsi, quand Pinturiccio a fini ses fresques il va à Rome, où, après avoir vu le trône pontifical occupé d'abord par Sixte IV, le fils du pêcheur, le pape licencieux, l'enthousiaste de Sodome, et par Innocent VIII, le père de famille, il y voit monter Lenzuoli Borgia, Alexandre VI.

Eh bien, laissons Pinturiccio peindre dans une des salles du Vatican le pape, sous la figure d'Alexandre II, en adoration devant la Vierge sous les traits de Julie Farnèse; et voyons ce qu'était cet homme dont le nom, avec ceux de Sforza et de Médicis, a empli l'Italie et étonné le monde.

Le 10 août 1492, il y avait foule dans les rues de

Rome et surtout aux abords du Vatican; car Innocent VIII était mort et c'était ce jour-là que l'un des trois concurrents sérieux à la papauté, Roderic Borgia, Julien de la Rovere et Ascanio Sforza, devait être élu. Tout le jour, le peuple avait attendu, et, le soir, il avait appris que l'élection était remise au lendemain; si bien que, le lendemain, il était revenu aussi attentif et aussi nombreux que la veille.

Mais, depuis la veille, il s'était passé bien des choses: Julien de la Rovere et Ascanio Sforza s'étaient retirés, soit qu'ils ne se crussent pas dignes du trône de saint Pierre, soit qu'ils en reconnussent Roderic plus digne qu'eux, si bien que les voix données aux deux cardinaux étaient passées au troisième, qui les en avait même remerciés d'avance en donnant à l'un cinq mille ducats et en envoyant à l'autre quatre mulets chargés d'argent et de vaisselle.

Ce fut donc le nom de Roderic Borgia que, le 11 août 1492, on avait jeté au peuple et au monde.

Or, si Roderic se trouvait pape, c'était évidemment la main de Dieu qui l'avait poussé; car jamais le jeune homme n'avait rêvé pour sa vieillesse la mission d'apôtre. En effet, né à Valence en Espagne, en 1430, issu, disent certains historiens, d'une famille royale, s'il eût eu quelque ambition, c'est plutôt sur la couronne des rois que sur la tiare des papes qu'il eût jeté les yeux; mais toute son ambition s'était bornée à devenir un grand avocat, et cette ambition s'était réalisée. Cependant Roderic était d'une nature trop puissante et d'un génie trop aventureux pour se contenter d'une lutte de paroles, et il se fit soldat comme son père; mais, après avoir montré son courage aussi vite qu'il avait montré son éloquence, il se dégoûta aussi de cette carrière, et, son père étant mort, il résolut de vivre à son caprice et à sa fantaisie. Alors, riche et oisif, il était devenu l'amant de Rosa Vanozza et avait eu d'elle cinq enfants: François, César, Lucrèce et Giuffry; quant au cinquième, on ignore son nom.

Pendant ce temps, son oncle devenait pape sous le nom de Calixte III; et Roderic, perdu dans son amour et dans sa paternité, se contentait d'écrire au saint-père sans aller lui-même lui rendre hommage à Rome.

Cette retenue d'un de ses parents, au milieu des ambitions que le nouveau pontife trouvait à chaque pas sur son chemin, frappa singulièrement Calixte III; il savait la valeur du jeune Roderic, et, au moment où les médiocrités l'assiégeaient de tous côtés, cette capacité qui se tenait modestement à l'écart grandit encore à ses yeux; aussi répondit-il à l'instant même à Roderic qu'au reçu de sa lettre il eût à quitter l'Espagne pour l'Italie et Valence pour Rome.

Ce fut donc la volonté de Dieu, cachée sous l'ordre

du saint-père qui vint tirer le jeune homme de l'oubli où il s'oubliait lui-même ; mais, comme s'il eût douté de cette volonté, il ne répondit pas à son oncle et continua sa vie accoutumée jusqu'à ce que, deux mois après, un prélat romain vînt lui-même, et cette fois avec l'ordre positif et formel de Calixte III, le tirer de sa léthargie et le réveiller de son indifférence.

Roderic partit donc pour Rome et Vanozza pour Venise, afin que la maîtresse et l'amant fussent moins éloignés l'un de l'autre.

La fortune tint vis-à-vis de Roderic les promesses qu'elle lui avait faites. Le pape le reçut comme un fils et le fit tour à tour archevêque de Valence, cardinal-diacre et vice chancelier. A toutes ces faveurs Calixte avait ajouté un revenu de quarante mille ducats, de sorte qu'à l'âge de trente-cinq ans, Roderic était riche et puissant comme un prince.

Il avait eu quelque peine à accepter le cardinalat, qui l'enchaînait à Rome, et eût préféré être général de l'Église, position qui lui eût donné plus grande liberté d'aller à Venise ; mais son oncle Calixte lui fit entrevoir la possibilité de lui succéder un jour, et, dès ce moment, l'idée d'être chef suprême des rois et des peuples s'empara tellement de Roderic, qu'il passa de la vie riche à la vie humble, de l'oisiveté au repentir, et devint un Salomon pour la sagesse, un Job pour la patience, un Moïse pour la publication de la parole de Dieu.

Cela dura ainsi sous les pontificats de Pie II, de Sixte IV et d'Innocent VIII, jusqu'à ce que, le dernier pontife étant mort, Roderic reçût, en montant sur le trône, la récompense de son étrange et rapide conversion. Du reste, les effets semblaient avoir prouvé la réàlité de la conversion, les greniers s'étaient emplis, les accès de la famine avaient cessé, les assassins nocturnes avaient disparu, Rome était heureuse.

Voilà ce qu'on voyait ; mais ce qu'on ne voyait pas ou ce qu'on n'osait pas redire si on le voyait, c'étaient les incestueux amours des enfants du pape : de César et de François avec Lucrèce ; amours infâmes, jalousies terribles qui devaient faire naître entre les deux frères une haine profonde à l'issue sanglante.

En effet, un soir qu'il y avait souper chez Vanozza venue à Rome, François avait reçu une lettre dont César avait cru reconnaître l'écriture. Après ce souper, les deux frères étaient montés à cheval, étaient sortis ensemble, et, arrivés au palais Borgia, s'étaient séparés : l'un, François, pour aller au monastère de Saint-Sixte, où s'était retirée sa sœur ; l'autre pour entrer au Vatican, où veillait son père. Puis, le soir, si bien faite que fût la police, il y avait un nouvel assassinat dans une rue de Rome, et, le lendemain, un nouveau cadavre dans le Tibre.

C'est quelque temps après cet événement que Pinturiccio vint à Rome, et, quand il y arriva, c'était Julie Farnèse qui remplaçait Vanozza et qui essayait de consoler le pape de la profonde douleur où l'avait jeté la mort de son fils.

De là le tableau de *l'Adoration*.

Enfin, pendant que Pinturiccio était encore à Rome, on dressait, le 23 mai 1498, un échafaud à Florence, et celui pour qui était dressé cet échafaud était le prophète Savonarole.

On sait l'influence qu'exerça le moine sur l'art chrétien : nous dirons dans la vie de fra Bartolomeo l'enthousiasme qu'on puisait à ses paroles, la foi qui naissait de ses révélations et qui avait toujours été grandissant depuis ses premiers discours sous le rosier de Damas, au couvent de Saint-Marc, jusqu'à l'époque où peintres et poëtes, illuminés par sa voix, brûlèrent toutes leurs œuvres impies sur la grande place de Florence.

Eh bien, le moment était arrivé où l'apôtre devenait martyr, si bien que, comme nous l'avons dit, le 23 mai 1498, le bûcher promis au peuple s'éleva sur la place du Palais. A onze heures du matin, Jérôme Savonarole, Dominique Bouvicini et Silvestre Maruffi furent amenés sur le lieu de l'exécution, et, après avoir été dégradés de leurs ordres par les juges ecclésiastiques, furent, au centre d'une immense pile de bois, attachés tous trois au même pilier. Alors l'évêque Pagnanoli déclara aux condamnés qu'ils les séparait de l'Église.

— De la militante ! répondit Savonarole, qui, dès cette heure, entrait en effet, grâce à son martyre, dans l'Église triomphante.

Ce fut tout ce que dirent les condamnés; car, en ce moment, un Arrabiato, ennemi personnel de Savonarole, ayant franchi la haie que formaient les soldats autour de l'échafaud, arracha la torche des mains du bourreau, et mit lui-même le feu aux quatre coins du bûcher. Quant à Savonarole et à ses disciples, dès qu'ils virent la fumée s'élever, ils se mirent à chanter un psaume ; et la flamme les enveloppait déjà de tous côtés de son voile ardent, que l'on entendait encore le chant religieux qui allait frapper pour eux à la porte du ciel.

Maintenant, laissons s'éteindre avec le bûcher du prophète la haine du pape, et revenons à Pinturiccio.

Dans le château Saint-Ange, il couvrit les murs de grotesques, peignit plusieurs sujets de la vie d'Alexandre VI, fit les portraits de la reine Isabelle, de Niccolo Orsino, comte de Pitigliano, de Gianiacomo Trivulzi et d'autres parents et amis du saint pontife, au nombre desquels on remarque César Borgia, qui profita sans doute de l'hiver pour se faire peindre : car, lorsque arrivait le printemps, son visage, pâle et beau dans l'état ordinaire, se couvrait de pustules qui en faisaient un objet d'horreur.

Puis, comme le peintre travaillait avec une rapidité merveilleuse, les tableaux se succédaient à ne pouvoir les compter : cependant on connaît encore de lui une *Assomption* dans la chapelle de Paolo Tolosa, à Monte-Oliveto de Naples, la chapelle San-Bernardino, à Araucie, et les quatre docteurs de l'Église sur la voûte de la grande chapelle Santa-Maria-del-Popolo ; et enfin il avait cinquante-neuf ans quand il eut à faire une *Nativité de la Vierge* pour les religieux de San-Francisco de Sienne.

Pinturiccio se fit donner dans le couvent, pour travailler, une chambre qu'il pria les moines de débarrasser de tous les meubles qui s'y trouvaient, et il s'y installa.

Mais, soit qu'il eût été oublié, soit qu'il eût été laissé à dessein, Bernardino trouva un coffre dans un coin de cette chambre, et voulut l'enlever lui-même ; mais, quelque effort qu'il fît, il ne put y parvenir, tant ce que ce coffre renfermait était lourd ! Le soir, il demanda qu'on l'ôtât, ne voulant plus le retrouver le lendemain ; ce qui n'empêcha pas que, quand il se remit au travail, il ne le revît à la même place. Pinturiccio était à lui seul plus entêté que tous les moines, de sorte qu'il ne consentit à continuer sa *Nativité* que du moment où il serait débarrassé de ce vieux coffre.

On lui obéit. Mais voilà qu'en emportant la malheureuse boîte, une planche, trop faible ou trop vieille, se détacha, et la salle fut inondée d'une pluie d'or pareille à celle que Jupiter fit tomber pour Danaé; seulement, celle-là n'avait rien de mythologique, et chaque goutte était un bon et magnifique ducat d'or.

Pinturiccio éprouva une telle douleur d'avoir fait enlever ce trésor et d'être ainsi passé à côté de la fortune sans s'en apercevoir, tandis qu'il n'avait qu'à se baisser pour la prendre, qu'il en mourut.

Voilà la cause de sa mort, telle que la donna sa femme; mais on peut n'en croire que ce qu'on veut quand on sait que, depuis longtemps, elle faisait le malheur de son mari par sa vie désordonnée, et qu'à l'heure où, soit pour une cause, soit pour une autre, Pinturiccio mourait, elle déserta le lit du pauvre moribond pour se sauver avec un portefaix, son amant.

Cela se passait en 1513. Il y avait donc dix ans que le pape Alexandre VI était allé rendre compte à Dieu de sa mission sur la terre.

César, après avoir échappé au poison d'abord, après s'être sauvé de sa prison ensuite, avait été tué, le 10 mars 1507, dans une bataille près d'un village ignoré que l'on nomme Viane, ayant toutes les blessures par devant comme un Spartiate.

Quant à Lucrèce, maîtresse incestueuse, épouse adultère, mariée quatre fois : d'abord à un gentilhomme aragonais, ensuite à Jean Sforza, déclaré impuissant par le pape, puis à Alphonse, duc de Briseglia, assassiné par César, enfin à Alphonse d'Este, fils d'Hercule, elle était morte la dernière, duchesse de Ferrare, adorée par ses sujets comme une reine et chantée par l'Arioste et Bembo comme une déesse !

FRA BARTOLOMEO

Le mardi gras de l'année 1490, il y avait une foule immense qui se pressait le soir autour d'un vaste bûcher sur la grande place de Florence : c'est qu'il allait se passer une chose toute nouvelle ; c'est que ce n'était plus, comme les années précédentes, un feu de joie autour duquel on allait danser avec des chants d'amour, mais bien un véritable sacrifice où l'on allait prier ; c'est que ce n'était pas depuis le matin des hommes ivres et joyeux qui apportaient de la paille et du bois pour le feu annuel, mais des artistes pieux qui jetaient là leurs œuvres profanes pour les brûler le soir ; c'est qu'enfin livres, statues, tableaux, tous ces trésors de la pensée, du ciseau, de la toile, se mêlaient, se confondaient pour ne plus faire, après quelques heures, qu'un amas de cendre et de poussière.

En effet, un nouveau jour venait de se lever pour la

foi, une nouvelle révélation venait de surgir pour l'art. Une voix dominant l'Italie et le monde venait de se faire entendre. Au nom du Christ, un nouvel apôtre venait de prendre le paganisme corps à corps et l'avait renversé sous lui, et, ce soir-là, devait avoir lieu le premier triomphe de l'apôtre, triomphe complet, éclatant, magnifique, donné par ce que l'Italie avait de grand parmi les artistes, et manifesté par l'abjuration et la perte de ce que l'art avait eu jusqu'alors d'irréligieux et de profane. Et l'abjuration était universelle, et le bûcher était immense, fait des chefs-d'œuvre de tous : poésie, arts, vers érotiques, statues aux contours voluptueux, tableaux aux formes lascives, images d'un ciel oublié, d'un Olympe perdu, de divinités anéanties, miracles de pensée et de travail, d'imagination et de poésie, dont le lendemain il ne resterait plus rien qu'un peu de fumée.

Et c'était la voix d'un seul homme qui avait fait cela ; c'était la parole d'un humble apôtre qui venait de renouveler la foi ; c'était la pensée d'un pauvre moine qui venait de transformer l'art ; c'était enfin la voix de Savonarole, qu'on avait d'abord délaissé comme un fou et qu'on écoutait comme un saint. La mission qu'il s'était imposée était grande et difficile, et le saint homme avait sans doute compris d'avance qu'un jour viendrait où il payerait la vérité de la vie, et où il compléterait l'apôtre par le martyr. Aussi avait-il lutté de toutes ses forces et avec toute la conviction que donne une mission inspirée par Dieu. Il avait réussi, comme nous l'avons vu, et le sacrifice qui allait se faire n'était que l'expression matérielle de la transformation morale.

Or, parmi ceux qui avaient apporté leurs œuvres au feu comme à la purification, et leur âme à cette nouvelle doctrine comme à la vérité, se trouvait un jeune homme aux mœurs austères et simples, au génie grand et pur, qu'on connaissait sous le nom de Baccio della Porta. Il avait à peu près vingt ou vingt-deux ans : c'était un des auditeurs les plus fervents de Savonarole, et l'un des hommes les plus croyants en Dieu. Il avait écouté avec amour cette parole douce et vraie ; il avait compris aussitôt cette âme puissante et inspirée, et le premier il avait rejeté comme profanes et sacriléges tous ses tableaux passés qui ne se rapportaient point à Dieu. Alors que le saint prédicateur avait peine à rassembler vingt-cinq auditeurs, Baccio l'avait écouté, et depuis, chaque jour, il avait quitté son atelier pour l'église ; son âme avait compris la lutte du moine contre les mœurs de l'époque, mœurs débauchées que le paganisme avait envahies depuis la cour des Médicis jusqu'aux écoles des jeunes gens, où rien n'était beau que les œuvres profanes de l'antiquité, où rien n'était tant oublié que les livres pieux.

La réforme que tentait Savonarole ne s'arrêtait donc pas à la foi dans la pensée, mais ordonnait la chasteté dans l'art; et c'était là surtout que l'accomplissement de sa mission était rude et laborieux : partout des artistes payés par une cour débauchée pour faire des œuvres licencieuses; partout l'irrévérence pour les choses divines; partout le paganisme, même sous les traits célestes de la Vierge et du Christ, se montrait palpable et visible, et souvent l'image de la Madone, même au foyer domestique, même sous les yeux des jeunes filles, n'était que le portrait plus ou moins nu de quelque courtisane en renom.

Savonarole avait prévu que ce n'était pas sur des vieillards endurcis dans leurs pensées que sa voix aurait de l'influence; que ce n'était pas le passé qu'il fallait changer, mais l'avenir qu'il fallait préparer : aussi n'était-ce que des jeunes gens qui venaient recueillir comme une manne céleste les leçons du grand prédicateur, et, comme nous l'avons dit, parmi ces jeunes gens se trouvait Baccio della Porta.

Le lendemain du mardi gras, quand le sacrifice fut accompli, quand le bûcher fut éteint, le peintre vint trouver le moine au couvent de Saint-Marc, où celui-ci était lecteur.

— Mon père, lui dit-il, vous êtes juste et noble entre tous les hommes; votre mission est sainte et grande entre toutes les missions : vous m'avez fait comprendre et croire ; désormais je veux consacrer ma vie et mon art à Dieu, et, tout obscur que je suis, j'accours à vous, mon père, comme à la source de toute sagesse et de toute vérité. Permettez-moi de venir quelquefois dans ce couvent recueillir seul dans votre amitié la foi que vous répandez sur tous.

A partir de ce moment, Baccio devint non-seulement le disciple de Savonarole, mais son ami ; à partir de ce jour, grandit, avec la réputation du prédicateur, la renommée du peintre, tous deux pleins du même zèle, enflammés du même courage, pénétrés de la même ferveur ; à partir de cette époque, commença la lutte commune de ces deux hommes, lutte de la parole et du pinceau, du principe et de l'exécution, et tous deux semblèrent marcher de front, Baccio éclairé par le moine, Savonarole traduit par le peintre.

Avant l'apparition de Savonarole, Baccio vivait déjà enfoncé dans son art, et de temps en temps apparaissaient les fruits de cette solitude et de cette méditation : d'abord, deux *Vierges* pleines de la sainteté du croyant et du génie du peintre, admirables toutes deux de piété et de coloris, ce double prestige de la foi et de l'art qu'il savait si bien répandre sur ses toiles ; puis, sur les deux volets d'un tabernacle en bois qui renfermait une Madone en marbre de Donatello, il peignit *la Nativité* et *la Circoncision* en miniature, et, sur la partie extérieure de ces volets, il exécuta en grisaille et à l'huile *l'Annonciation de la Vierge*. Ensuite Gerorno, fils de Monna Dini, lui donna à peindre la chapelle du cimetière de l'hôpital de Santa-Maria-Nuova : c'est là que se trouvait la fresque du *Jugement dernier ;* bien qu'inachevée, elle n'en augmenta pas moins sa réputation. Rien n'était grand et vraiment divin, en effet, comme le Christ entouré de ses douze apôtres et jugeant les douze tribus. Le dessin, que n'acheva pas Baccio, montrait de pauvres damnés pleins de honte et de désespoir, et la sainte béatitude des élus. C'est une œuvre que Gerorno Dini pria Mariotto Albertinelli d'achever.

Mariotto Albertinelli était, pour ainsi dire, le frère de Baccio della Porta : même atelier, même travail, mêmes joies, mêmes douleurs, fraternité complète de cœur et de talent. Mariotto, fils d'un batteur d'or, avait connu Baccio chez Cosimo Rosselli, où ce dernier étudiait, et, quand Baccio avait quitté ce premier maître, Mariotto l'avait suivi. C'est à partir de cette époque qu'ils vécurent toujours ensemble, comme un seul corps, comme une seule âme. Mariotto était loin d'avoir le génie de Baccio ; aussi était-il presque son élève. Cependant il l'étudia tant et suivit si bien sa manière, que souvent on confondait les tableaux des deux amis.

Voilà où en était Baccio quand Savonarole arriva de

Ferrare à Florence. Pendant sept années, le grand prédicateur fit sa grande réforme, malgré la faction des tièdes qui le dénonçaient à la cour de Rome, et aux menaces desquels il opposait le calme de sa conviction; malgré le paganisme invétéré qui se releva plus tard, mais qui, pour le moment, tomba sous sa parole.

Cependant on ne force pas impunément les hommes à entendre la vérité, et surtout la vérité de Dieu, celle qui proscrit tous les abus, qui veut étouffer les débauches, qui tend à détruire tous les vices. Pendant sept ans, nous l'avons dit, la voix de Savonarole parla plus haut que celle de ses ennemis; pendant sept ans, il jeta cette semence qui devait germer dans l'avenir; mais de pareils fondateurs n'assistent pas à leur gloire; mais les grands semeurs ne voient point la récolte; et, quand il eut propagé sa parole, quand il eut répandu sa foi, quand il eut assez grandi son époque, il eut à son tour, comme son divin maître, son Calvaire et sa Passion, et il se trouva des juges et des bourreaux pour lui comme pour le Christ.

L'influence de Savonarole sur les artistes contemporains est trop grande pour que, dans la vie d'un peintre comme Baccio, on ne montre pas à chaque instant cette influence.

Ce n'est pas une digression, c'est une preuve, surtout quand on pense dans quel état il avait trouvé les arts et comme il les laissa. Ce sont les œuvres d'une époque qui la symbolisent et qui la classent dans l'avenir; et c'est sous le souffle de quelques hommes puissants par la fortune ou la pensée que naissent ces œuvres. Savonarole l'avait bien compris lorsqu'il avait voulu changer la route funeste qu'avaient prise les arts... Les Médicis et lui se trouvaient en face : les uns, avec le goût des ouvrages profanes de l'antiquité, avec des mœurs débauchées, n'aimant que les peintures païennes, ressuscitant dans les arts l'Olympe oublié ; l'autre arrivant avec sa seule parole pour détruire, avec sa seule pensée pour créer, ne mettant le beau et le vrai que dans Dieu, et rassemblant bientôt autour de lui tout ce qui croit et tout ce qui pense.

Ce n'était donc pas, comme Jésus, une loi à donner, c'était cette même loi à faire suivre.

Deux ans après qu'il eut paru, la grande réforme avait commencé d'une manière ostensible; on brûlait tout ce qu'il y avait de profane à Florence; on immolait les chefs-d'œuvre des hommes à la gloire de Dieu. Mais ce n'était là que le sacrifice matériel des œuvres, et c'était surtout la destruction du principe que rêvait Savonarole ; car ce n'était qu'après avoir détruit qu'il pouvait reconstruire. Il y a toujours quelque chose à abattre quand on veut fonder; il a fallu que Dieu débrouillàt le chaos avant de faire le monde. Et c'est pourtant cetté vérité incontestable, ce mot révélateur, Dieu, que les hommes ont éternellement cherché à détruire. Depuis le Christ, qui créait et à qui on n'a donné qu'une croix, jusqu'à Savonarole, qui répétait Jésus comme un écho, et à qui on a donné un bûcher, de tout temps il a fallu des apôtres pour annoncer et des martyrs pour prouver.

Donc, l'apôtre devint martyr ; et, comme si avec lui s'en étaient allés toute sa pensée et tout son génie, Baccio della Porta, devenu fra Bartolomeo, jeta ses pinceaux, quitta tout à fait l'atelier pour le cloître, la peinture pour les prières, la gloire du monde pour le culte de Dieu ; il se retira à Prato, et prit l'habit de saint Dominique, le 26 juillet de l'an 1500. Alors Mariotto Albertinelli, chez qui l'amitié pour Baccio ne balançait pas la haine pour les moines, ne pouvant vivre avec son ami, voulut continuer l'œuvre qu'il avait commencée, et, ramassant les pinceaux du peintre devenu moine, il finit la fresque du *Jugement dernier*.

Pendant quatre ans que dura cette oisiveté pieuse que s'était imposée fra Bartolomeo, le moine dut avoir à lutter bien souvent contre l'artiste, et il est évident que, le jour où l'art reprendrait le dessus, l'œuvre qui surgirait de ce repos serait à la fois sublime et divine. Souvent, lorsque le pieux *frate* se retirait dans sa cellule, pour prier Dieu d'éteindre ce feu qui finirait par lui

faire oublier son vœu, quelques-uns de ses frères venaient le trouver, et, comprenant ce combat intérieur
du génie comprimé et d'une promesse sainte, ils lui
disaient, non pas qu'il pouvait sacrifier l'un à l'autre,
mais faire marcher les deux de front ; ils lui disaient
que la manière d'être agréable à Dieu, était d'appliquer
à sa gloire ce génie qu'on avait reçu de lui, et qu'il était
de son devoir d'user du talent qu'il avait, pour révéler
aux hommes toute la grandeur et toute la majesté de
leur divin maître ; puis ils lui montraient comme
preuves les fresques de Beato Angelico qui couvraient
les murs du couvent.

Bernardo del Bianca avait fait construire, sur les
dessins de Benedetto de Roverjemo, une chapelle dans
l'abbaye de Florence admirable de sculpture ; Benedetto Buglione avait placé dans les niches des figures
de saints en terre cuite ; mais, si belle et si riche que
fût la chapelle, elle semblait incomplète, et c'était quelque chose comme l'âme qui manquait à l'œuvre, pour
qu'elle atteignît son but divin. Fra Bartolomeo était le
seul qui pût animer tout cela avec son pinceau. Les sollicitations redoublèrent, auxquelles répondirent les
mêmes refus ; et, chaque fois qu'on reparlait au frate
de peinture, il se mettait en prière comme pour chasser
une mauvaise pensée, qui n'était autre que le besoin
de produire, s'augmentant chaque jour de la résistance

de la veille, et devenant chaque jour plus difficile à combattre.

Enfin, après bien des sollicitations, après bien des refus, l'artiste l'emporta sur le pénitent ; la pensée de gloire triompha de la pensée d'obscurité, et le moine redevint peintre.

Comme nous l'avons dit, la première œuvre qui sortirait de ce corps serait sublime et divine, et rayonnerait de toute la force du génie, de toute la poésie de la foi. En effet, le frate sembla résumer en une seule œuvre tout ce qu'il eût pu répandre de beautés depuis son premier jour de solitude, et le *Saint Bernard* qui naquit enfin était bien toute l'expression de la pensée céleste qu'il portait dans son sein depuis quatre années. L'écrivain pieux tombe en extase en apercevant la Vierge soutenue par les anges et portant l'Enfant Jésus. C'est plus que de la peinture, c'est de la révélation. Une fois le premier pas fait, rien ne devait plus arrêter fra Bartolomeo ; la lutte avait été trop longue pour que la victoire ne fût pas complète, et au *Saint Bernard* succédèrent plusieurs tableaux pour le cardinal Jean de Médicis et pour Agnolo, dont une *Madone* qui a aussi toute l'expression divine que le frate savait si bien répandre sur les choses saintes.

Fra Bartolomeo était un heureux prédestiné... Au début de sa carrière, il avait trouvé Savonarole pour agrandir sa pensée ; au milieu, il devait rencontrer Raphaël pour perfectionner son art. Après avoir étudié Léonard de Vinci, c'étaient les deux seuls guides que Dieu pût lui envoyer pour faire de lui un saint et un grand homme, toute une religion et tout un art réunis dans deux hommes, compris dans deux noms : Savonarole et Raphaël. Aussi Bartolomeo devina-t-il que le second allait compléter dans l'exécution ce que le premier avait complété dans la pensée ; mais, cette fois cependant, ce serait plutôt échange ; et, si le frate recevait quelque chose de Raphaël, celui-ci allait emporter quelque chose du frate.

De même qu'il avait été trouver Savonarole, Baccio alla trouver Raphaël, et l'amitié qui l'unit au peintre fut aussi forte que celle qui l'avait uni à l'apôtre.

On ne peut s'empêcher d'admirer l'influence de ces deux grands génies sur le talent de Bartolomeo, influence visible et palpable, qui n'ôte rien à l'originalité personnelle du peintre, et qui cependant la complique ; il s'est trouvé placé entre ces deux grands soleils, et, quoique resplendissant lui-même, il s'est augmenté de leurs rayons.

Cependant, il faut l'avouer, les deux compositions de Bartolomeo qui suivirent immédiatement l'arrivée de Raphaël à Florence, n'ont encore qu'imperceptiblement subi l'influence du peintre d'Urbin. Elles gardent encore toute cette originalité puissante et ce coloris admirable qui distinguent le frate. L'un des deux tableaux fut envoyé au roi de France, et l'autre, dans la composition duquel il entre une grande quantité de personnages et quelques anges qui s'élèvent en l'air en soutenant un pavillon, impressionna vivement Raphaël lui-même. Ici, Bartolomeo est tout à fait grand ; les anges sont d'un dessin si vigoureux, qu'ils semblent sortir de la toile, et à cette force de coloris se mêlent une suavité céleste, un sentiment religieux, une fierté divine sur les figures des personnes qui entourent la Vierge. Dans le même tableau se trouve le mariage du Christ enfant avec sainte Catherine religieuse ; malgré le ton obscur, rien n'est plus vrai. Ici, comme nous le disions, ce n'est pas encore l'influence de Raphaël, mais c'est toujours celle de Léonard de Vinci. Tout cela vit, pour ainsi dire, depuis les deux figures de saint Georges et de saint Barthélemy jusqu'aux deux enfants, dont l'un joue du luth et l'autre de la lyre.

C'est probablement à la même époque qu'il exécuta la grande peinture à fresque représentant *le Crucifiement* avec les saintes femmes pleurant au pied de la croix, qu'on voit dans un corridor du couvent de Saint-Augustin de Sienne.

Vis-à-vis *le Mariage du Christ,* il peignit une *Vierge entourée de saintes.* A l'aide des tons affermis et habilement fondus de ce tableau, il obtint une telle harmonie dans les figures, qu'elles semblent vivantes, dit Vasari.

En 1501, Raphaël le quitta, et ce n'est vraiment que de ce moment que la peinture de Bartolomeo se ressentit du séjour du divin Sanzio à Florence. Dans les tableaux du frate qui suivront ce départ, il y aura plus de suavité dans les contours, un peu plus d'expression céleste dans le visage de ses Vierges ; son style perdra ce côté de rudesse que lui donnait la fougue de son imagination, et prendra ces lignes mollement onduleuses qui caractérisent les peintres ombriens ; mais il gardera toujours cette vérité de sujets, ce relief de formes au moyen des clairs-obscurs qui constituaient sa manière et dont Raphaël prendra quelque chose.

L'élève devait une visite au maître, le fidèle un pèlerinage au dieu. Aussi fra Bartolomeo voulut-il voir les merveilles du puissant Michel-Ange et du doux Raphaël. Il partit donc pour Rome, où il fut accueilli par Marianno Fratti, frate del Piombo, qui demeurait à Monte-Cavallo, au couvent de Saint-Sylvestre. Il paya son hospitalité de deux tableaux représentant *Saint Pierre* et *Saint Paul* ; mais il fut pour ainsi dire aveuglé sur lui-même par les chefs-d'œuvre qu'il voyait. Le fidèle tomba anéanti devant la puissance du dieu, et c'est avec la conscience de son infériorité qu'il revint à Florence.

A son retour, malgré la résolution qu'il avait prise
d'abandonner son art, non plus par illusion, mais par
défiance de lui-même, il eut à répondre à une accusa-
sation qu'il réfuta par un chef-d'œuvre. On l'accusait de
ne pouvoir peindre le nu, et, ici, c'était un piége que l'on
tendait, non plus à son art, mais bien à la chasteté de
ses œuvres, et c'était dans le genre profane, qu'il avait
toujours fui, qu'on voulait le faire tomber. Il répondit
par un *Saint Sébastien* entièrement nu, d'un coloris et
d'un dessin si parfaits, de formes si belles et si pures,
que la critique se tut. Seulement, fra Bartolomeo, qui
n'était pas tombé dans des idées profanes, y fit tomber
les dévotes, et les confesseurs entendirent de telles con-
fidences au sujet de cette peinture, qu'ils durent faire
retirer le *Saint Sébastien* de l'église où il était ; il fut
depuis envoyé au roi de France.

Mais la critique ne se tait pas facilement : c'est une
hydre à plusieurs têtes comme celle de la fable, et il
faut être un Hercule pour les trancher d'un coup. L'ac-
cusation reparut, mais sous une autre forme. Cette fois,
on reprochait aux œuvres du frate d'être mesquines, et
on lui demandait quelque chose de grand. Il répondit
par un *Saint Marc* gigantesque et grandiose. L'hydre
avait trouvé son Hercule, toutes les têtes tombèrent.

Les menuisiers qui faisaient les bordures des tableaux en couvraient toujours un huitième, ce qui dé-

truisait les proportions et la symétrie de l'œuvre. Bartolomeo y remédia en faisant cintrer le panneau de son *Saint Sébastien*, y figura une niche que l'on aurait pu croire réelle et exécuta les ornements qui devaient entourer son sujet; il fit de même pour le *Saint Marc* et le *Saint Vincent*. Celui-ci était représenté prêchant le jugement dernier. C'est bien la ferveur du saint, c'est bien l'exaltation du prédicateur, c'est bien la double expression de l'homme qui, pour ramener à la vertu, montre à la fois la récompense et le châtiment, cette double justice de Dieu. Malheureusement, cette œuvre admirable, pour laquelle le frate avait employé des couleurs trop fraîches sur un enduit encore humide, s'était gercée bientôt et s'est tout à fait perdue depuis.

A son retour de Naples, un riche marchand florentin, Salvator Belli, sur la réputation du frate, lui commanda un *Christ sauveur entouré des quatre évangélistes*. C'était un sujet tout à fait dans le sentiment de Bartolomeo ; aussi il s'y livra avec amour et l'exécuta avec perfection. Dans le bas, deux enfants, d'un coloris frais, d'une exécution fine, tiennent le globe du monde ; c'est une des plus belles choses du frate, et l'encadrement de marbre est sculpté par Pietro Rosselli.

Ainsi Bartolomeo avait tout à fait repris sa vie d'artiste, il donnait à son art le côté pieux et saint qui le fit si grand, abandonnant aux frères le produit de ses

tableaux et ne gardant strictement que ce qui lui était
nécessaire pour acheter ses couleurs. Partout dans la
vie de cet homme la pensée religieuse domine, et il
travaille toujours, sous l'influence de la révélation de
Savonarole, pour la gloire de Dieu et non pour la
sienne. Cependant, malgré la force que donne l'art, il
arriva un jour où la santé du frate s'altéra ; des pensées,
qui pour son âme pieuse ne pouvaient être ni sombres
ni funestes, s'emparèrent de lui et le portèrent à la con-
templation de la mort. Il se retira dans l'un des mo-
nastères qui dépendaient de Saint-Marc, pour se préparer à attendre l'heure dernière. C'est sous ces impres-
sions qu'il peignit une *Madone* entre un saint Luc et
un saint Étienne ayant à ses pieds un petit ange qui
joue du luth. Cette figure d'enfant, qui se reproduit
souvent dans les compositions de Bartolomeo comme
la pensée gracieuse à côté de la pensée sévère, oppo-
sant son sourire et son chant à la grave austérité des
prophètes, est pleine de charme, et le caractère en est
si céleste, qu'il ne paraît pouvoir être le résultat d'un
procédé matériel. On comprend, en voyant ces tableaux,
qu'ils sont nés d'une rêverie et d'une poésie intérieure
qui, plus calmes à cette époque qu'au temps de Savonarole, passent de l'âme au pinceau pleines d'une douceur angélique ; et il semble évident, quand on voit
ces peintures radieuses, que ce sont les personnages

divins eux-mêmes qui venaient poser devant le frate. Mais toute sa force et toute sa grâce, toute sa foi et tout son art se sont résumés dans une grande composition qu'il exécuta à San-Romano. C'est encore une Vierge, Vierge miséricordieuse, sur un piédestal, et dont deux petits anges aux visages enfantins et célestes soutiennent le manteau, et à côté le Christ lançant la foudre sur les peuples. Ici, tout est grand, la pensée et l'exécution : c'est l'œuvre d'un grand poëte et d'un grand peintre ; c'est toute la profondeur de la pensée et toutes les finesses de l'art. C'est dans ce tableau qu'on voit que Bartolomeo possédait au plus haut degré l'art de la dégradation des ombres et cette magie qui donne un grand relief aux parties obscures ; c'est parfait comme dessin et comme coloris.

Un autre tableau représentant *le Père éternel* au milieu d'un groupe d'anges, et dans la partie inférieure sainte Catherine de Sienne et sainte Catherine d'Alexandrie, ravies en extase, se trouve aussi à San-Romano.

C'est surtout dans cette composition que l'influence de Raphaël se remarque, et à untel point, qu'on crut ne reconnaître que le coloris de Bartolomeo appliqué aux contours gracieux des deux saintes. Il existe de ce tableau un dessin à la plume qu'on avait d'abord attribué à Léonard de Vinci, et dont on a reconnu le

véritable auteur, en le comparant avec le tableau de
l'église de San-Romano.

Fra Bartolomeo revint à Florence, et cette poésie
dont son âme était pleine ne sembla plus avoir assez de
la peinture pour se répandre. Il se remit à cultiver la
musique et devint peintre et musicien en même temps;
il chantait en travaillant. C'était en vérité une de ces
organisations heureuses, une de ces natures privilé-
giées, un de ces génies prédestinés à qui Dieu devait
accorder tout le talent des plus grands hommes, la
piété des plus pieux, la réputation des plus célèbres;
et, pour qu'il atteignît à ce résultat, il lui avait envoyé
Savonarole et Raphaël, les deux compléments de son
génie.

En face des prisons, à Prato, il fit une *Assomption*
et plusieurs vierges pour les Médicis, dont le grand art,
du reste, avait été de ne tenir aucun compte de l'esprit
de parti chez les artistes, et de ne voir en eux que l'il-
lustration qu'ils pouvaient donner à leur règne. Ainsi
Bartolomeo, l'ami enthousiaste du prophète Savonarole, du confesseur implacable de Laurent de Médicis,
n'était pour eux que Bartolomeo l'artiste, dont ils ache-
taient les tableaux comme des chefs-d'œuvre, dont ils
oubliaient les opinions premières.

Le frate avait l'habitude de préparer ses tableaux à
l'huile et en grisaille, et il les ombrait aussi à l'encre

ou avec le bitume; c'est ce qu'on a pu voir dans les peintures que sa mort laissa inachevées.

Jusqu'à fra Bartolomeo, on reprochait souvent aux peintres la forme de leurs plis qui manquaient de souplesse et de naturel. Ce fut le frate qui le premier fit faire un mannequin en bois de grandeur d'homme, dont les jointures se reployaient à volonté, et qu'il recouvrait de l'étoffe qu'il voulait peindre; cette invention, qui paraît si simple maintenant, lui est due, et personne avant lui, même les plus grands maîtres, n'avait pu saisir des draperies aussi vraies et aussi naturelles.

Fra Bartolomeo continuait donc dans ses œuvres son acte de contrition pour ainsi dire jusqu'à la mort; il n'a pas failli un seul instant à la promesse qu'il avait faite, et sous son infatigable pinceau se succédèrent les chefs-d'œuvre de sainteté dans l'abbaye des Moines-Noirs. La dernière création de ce pinceau, la dernière pensée de ce peintre, fut le tableau qu'il exécuta en grisaille pour le gonfalonier Pietro Soderini. Tous les protecteurs de la ville et les saints dont les jours de fête correspondent à ceux des victoires remportées par Florence, sont représentés dans cette composition, et fra Bartolomeo s'y est peint lui-même.

Une paralysie, provenant de son habitude de travailler au bas d'une fenêtre ouverte, lui ôta tout à fait l'u-

sage de ses membres, et, malgré les eaux de San-Felippo,
qu'on lui avait ordonnées, et où il resta longtemps, il
ne put se remettre complétement de cette attaque; enfin, il mourut d'une indigestion de figues. Il fut enterré
à San-Marco le 8 octobre 1517.

Bartolomeo avait vécu quarante-huit ans, et, pendant
ce temps, il avait vu passer les noms les plus rayonnants
de l'art : le grand Léonard de Vinci, le gracieux Raphaël, le puissant Michel-Ange; de ces trois grands
génies, il avait pris quelque chose qu'il avait ajouté à
son génie naturel et original, et, tout en retrouvant dans
ses œuvres le reflet de ces trois coloris, on voit que ce
n'est pas un emprunt, mais une conquête.

Puis à tout cela s'étaient mêlés, comme nous l'avons
dit, l'inspiration religieuse et le génie vraiment divin,
soufflé par Savonarole; et, répétons-le encore, le côté ca-
ractéristique de ce peintre, c'est cette éternelle et grande
naïveté dont brillent toutes ses œuvres. Quand Léonard
et Michel-Ange ont à lutter l'un contre l'autre, ils ne se
fient plus à un sujet religieux pour se vaincre; ce sont
des passions chaudes encore des événements récents
qu'ils remuent, et ils produisent, Léonard, son tableau
des *Vétérans se faisant couper les poings pour rapporter à Florence les drapeaux des Visconti ;* et Buonarotti,
la Jeunesse florentine allant à la guerre pisane. Ces
deux compositions sont bien les œuvres de deux pin-

ceaux géants; mais elles n'ont rien de plus vaste et de
plus grandiose que cette imposante et calme figure de
l'Évangéliste saint Marc. C'est qu'il faut le dire, la véritable poésie se trouve, non pas dans l'expression de
nos passions humaines, mais bien dans le reflet de la
grandeur et de la majesté divines : et, peintre ou
poëte, plus la pensée se rapproche du Créateur, plus
elle entrevoit la véritable poésie.

Dans la vie des hommes que la gloire expose nus et
tels qu'ils sont aux yeux de la postérité, il y a toujours
un côté sur lequel la critique peut mordre, une fêlure
pour ainsi dire, par où l'on peut anatomiser l'homme
et le génie : chez le frate, c'est impossible; l'uniformité
est trop grande, le talent est trop vrai, la naïveté est
trop naturelle, et, si l'on avait quelque chose à lui re-
procher, ce serait sa mort un peu vulgaire; mais la
postérité serait bien exigeante si elle voulait forcer les
artistes à mourir avec art.

ALBERT DURER

« Moi, écrivait Albert Durer, j'ai réuni les écrits de
mon père et ce qu'il a dit de sa patrie, de sa naissance
et de sa vie. Que Dieu lui soit propice, à lui et à nous!
Cui Deus propitius sit ut et nobis, amen! anno 1524. »

Puis il continue :

» Albert Durer l'ancien, *senior*, est né en Hongrie
dans une bourgade appelée Eytus, où ses parents étaient
laboureurs. Mon grand-père, Antoine Durer, vint dans
sa jeunesse à la ville chez un orfévre, apprit de lui cet
état et se maria à une jeune fille du nom d'Élisabeth ;
il eut d'elle une fille et trois fils, dont l'aîné fut mon
père très-chéri. De Hongrie, mon père vint en Allemagne, et il eut des rapports intimes avec les artistes
belges. Il vint ensuite à Nuremberg en 1455, le jour où
l'on célébrait dans la citadelle les noces de Philippe de
Berthaimer, et il travailla avec Jérôme Hertur l'ancien

15.

jusqu'en 1467, époque à laquelle il épousa sa fille. »

Albert énumère alors tous les enfants de son père, au nombre de dix-huit; puis il ajoute avec une tristesse profonde :

« Ces enfants de mon père, mes frères et mes sœurs, sont tous morts, les uns dans la jeunesse, les autres dans l'âge mûr, et nous ne restons que trois tant qu'il plaira à Dieu, mes deux frères André et Jean, et moi.

» Mon père, malgré son travail, fut toujours pauvre, étant obligé de nourrir de son labeur une si nombreuse famille. Il fut en butte aux chagrins, aux malheurs et aux dettes. Il fut bon chrétien, vivant dans l'obscurité et le silence. Mon père nous éleva dans le respect et l'amour de Dieu, nous avertissant chaque jour d'aimer le Seigneur et le prochain : il m'affectionnait plus que les autres, parce qu'il me voyait appliqué aux travaux d'art. Il fut lui-même mon premier maître, et, comme j'étais entraîné vers la peinture plus que vers l'orfévrerie, je le dis à mon père, qui, bien qu'il vît avec chagrin ce goût décidé, parce qu'il croyait perdu le temps que j'avais donné à l'orfévrerie, me mit, en 1486, sous les ordres de Michel Woigemuth, pour trois ans. Dieu m'accorda en un aussi court espace une telle assiduité à cet art, que, malgré tout ce que j'avais à supporter de la part de mes camarades, je l'appris assez bien.

» Après mon apprentissage, je voyageai jusqu'en

1490. A mon retour, mon père contracta avec Jean Frey, dont j'épousai la fille, nommée Agnès. J'eus en dot deux cents florins et Jean Frey célébra la noce à ses frais. Bientôt mon père tomba malade et nul ne put le sauver. Sentant sa fin approcher, il resta calme et résigné, me recommanda ma mère, et mourut. Que Dieu lui soit propice! Depuis, je nourrissais mon frère Jean ; quant à André, il voyageait.

» Deux ans après la mort de mon père, je recueillis chez moi ma mère indigente jusqu'en 1513. Que Dieu ait son âme! En 1521, ma belle-mère mourut, et mon beau-père deux ans après. »

Rien n'est aussi profondément triste que ce journal quand on pense aux heures de mélancolie amère pendant lesquelles il fut écrit, quand on songe que, chaque fois que le peintre reprenait la plume pour redescendre dans son passé triste déjà, mais bien moins triste que son présent, c'était après quelque nouvelle scène intérieure, car une douleur quotidienne et affreuse veillait au foyer de sa maison ; et cependant, quand il parle de sa femme, la cause de cette tristesse, le démon de sa vie, pas un reproche à elle, pas un reproche à Dieu ; puis on sent que cette pensée qui le brûle, et qu'il n'épanche pas au dehors, l'amène à se rappeler ceux qu'il aimait, et dont, enfant encore, il emplissait son cœur. Alors, il se souvient de son père mort, de ses frères morts aussi. Il voit que, de tout cet amour dont Dieu semblait l'avoir environné pour qu'il pût plus tard lutter contre les choses de la vie, il ne lui reste plus rien à l'heure où il souffre. Il voit qu'il faut s'isoler avec sa douleur, et, le soir, après quelque journée longue de travail et de tristesse, il s'enferme dans son atelier, et, là, le peintre, au milieu de ses productions, l'homme avec ses souvenirs se fait peine ; il jette librement sur le papier les scrupules de cette douleur qu'il ne peut garder, et qui, à force de lui serrer le cœur, finirait par lui tuer l'imagination, et, si cela arrivait, malheur à lui ! car il faut que, chaque jour, il entre assez d'or dans la maison pour que le mauvais génie de son âme se taise.

Ce qui domine surtout dans ce journal, c'est ce respect filial, éternel et immuable qu'il voue à la mémoire de son père. On devine, à ce récit vrai, simple, patriarcal des émotions de la famille, ce qu'il y avait de religieusement grand dans l'âme retournée à Dieu et qu'il invoque sans cesse comme son plus heureux souvenir sur la terre, comme son plus puissant patron dans le ciel.

Chaque fois que, dans cette famille nombreuse et unie comme celle des premiers pères, il arrivait un nouvel enfant, c'était sous une double invocation doublement sainte qu'il entrait dans ce monde.

Le soir de sa naissance, son père l'inscrivait à côté

des noms de ses frères et de ses sœurs ; puis il donnait
au nouveau venu, à son tour, deux noms : celui du
saint qui présidait au jour de sa naissance et celui d'un
grand artiste vivant, ce dernier fût-il au fond de l'Allemagne, au bout de la terre, et, après avoir reçu ces
deux patrons, qui, suivant l'esprit religieux de son
père, devaient le faire grand dans ce monde et heureux
dans l'autre, l'enfant n'avait plus qu'à se laisser vivre,
car un amour inaltérable veillait sur lui.

N'y a-t-il pas quelque chose de vraiment chrétien et
de vraiment grand dans cette communion intérieure
que le maître de la famille fait du saint et de l'artiste
pour que tous deux veillent à la gloire et au salut de
son fils ? N'est-ce pas une belle chose que ce vieillard
si profondément croyant, qui prend pour intermédiaire
entre sa prière et Dieu le saint du jour où naît son enfant, sachant qu'auprès du Seigneur, tous les saints,
ayant eu les mêmes mérites, ont la même puissance, à
l'exception du Christ et de la Vierge, qui, ayant plus
souffert, ont plus obtenu ?

Et le saint homme considère ce double patronage
comme une chose toute simple et toute naturelle ; à
côté du nom de l'enfant, il écrit son invocation aux
deux parrains, puis tout est dit. Il continue dans son
âme et chaque jour la prière écrite dans le livre de la
famille.

Comme le dit le peintre lui-même, c'est lui que son père distingue entre les autres. Il semble avoir eu pour Albert la révélation d'un avenir plus grand ou peut-être un pressentiment d'une existence plus triste, les deux raisons qui peuvent augmenter l'affection d'un père, parce qu'elles parlent, l'une à son orgueil, l'autre à son amour. Alors il veut le suivre dans sa route, il lui enseigne lui-même son art, et l'influence de la religion du maître se manifeste plus tard dans le génie de l'élève.

En effet, au moment où Albert Durer paraît, tout tend à une transformation générale. Le christianisme va recevoir une double atteinte, en art avec Raphaël et Michel-Ange, en croyance avec Luther.

L'école si chaste et si chrétienne du Pérugin, dont le pinceau semble béni par la mère de Dieu, va faire place à une autre école. Au sentiment idéal va succéder le sentiment de la forme. Les vierges poétiques et célestes, les anges divins et bienheureux voilent leurs formes sous la chasteté de leur tunique, et, n'ayant de la femme que le sentiment qui fait rêver, vont être remplacés par des madones plus humaines, par des anges plus terrestres, laissant déjà voir et deviner de la femme ce qui fait désirer : portraits de modèles ou de maîtresses aimées dont le génie du peintre a pu retracer la beauté, mais n'a pu idéaliser le regard, créatures belles après tout, riches de couleurs, de formes et d'attitudes chez Raphaël, puissantes de conception, de stature et de poésie large chez Michel-Ange, mais moins simples, moins chastes, moins saintes que ces blanches créations dont Giotto, frère Jean de Fiésole et le Pérugin ont étoilé le ciel de l'art.

Eh bien, chez Albert Durer, se révèle encore cet amour de l'art chrétien qui va s'effaçant et ne tardera pas à disparaître tout à fait. Et cependant le peintre allemand n'étudia jamais les grands maîtres italiens. Toute son inspiration et toute sa poésie lui viennent donc de lui seul, enfant d'un pays qui, n'ayant pas l'air pur et le ciel bleu de l'Italie, ces deux sourires de la nature dans lesquels Dieu se montre, rêve plutôt qu'il ne sent, et devine plutôt qu'il ne voit.

L'art arrivait donc à l'Allemagne à cette époque un peu comme son soleil lui arrive, taché d'ombre et de brouillard, si bien qu'au moment où, à Florence et à Rome, deux nouveaux apôtres, Raphaël et Michel-Ange, allaient prêcher une nouvelle doctrine, Albert Durer en était encore à débrouiller le chaos et à chercher son moule, qui, tout incomplet qu'il est peut-être, n'en est pas moins beau.

En effet, c'est à peine si Albert Durer pouvait se servir de l'héritage que lui avaient légué ses prédécesseurs ; et cependant on conviendra qu'il a fait faire un pas immense à la peinture si l'on pense à ce qu'elle était en Allemagne quand il l'a prise, et à ce qu'il en avait fait quand il est mort, sans ajouter qu'il découvrit encore la gravure, cette Amérique de l'art.

Ce qu'il y a de remarquable aussi chez Albert Durer, c'est le charme, le goût et le fini des ornements. En Italie, le pays bleu, la maison n'est que le moyen de faire entrer le plus d'air possible entre quatre murs : de là les immenses palais, les immenses salles laissant toujours entrevoir, comme le plus bel ornement, quelque coin du ciel par quelque ouverture. En Allemagne, le pays gris, la maison n'est, au contraire, qu'un moyen d'exclure le plus possible l'air froid et malsain : de là les longues draperies, les vastes meubles, les fenêtres closes, dérobant toujours un ciel rayé de pluie; de là les demi-teintes et le besoin d'ornements pour suppléer à la nature qu'on perd. On comprend donc l'étude que les Allemands, soit peintres, soit graveurs, devaient faire de ces sortes de choses qu'on méprise si fort lorsqu'on peut, comme à Florence et à Rome, découper ses têtes sur un fond bleu.

Mais aussi, avouons-le, ce ciel gris et sombre ajoute souvent à la création du peintre ou du poëte une poésie qui ne peut naître du soleil. Celui qui veut créer, soit avec la plume, soit avec le pinceau, et qui s'isole dans une de ces salles aux tentures tristes, au jour douteux, finit par donner au type qu'il rêve cette teinte mélan-

colique qu'il reçoit des objets extérieurs : c'est alors
qu'il trouve, Rembrandt, ses fonds sombres ; Gœthe,
son Werther ; Hoffmann, ses fantômes ; Shakspeare,
son Hamlet. Mais qu'un poëte grec ou latin s'enferme
et se fasse, à l'aide de draperies et de fenêtres closes,
un jour inconnu, et parvienne, à force d'imagination, à
faire passer devant ses yeux un de ces types du Nord,
à peine la fenêtre sera-t-elle ouverte, que le nouveau-né,
ne reconnaissant pas sa patrie, disparaîtra dans un
rayon de soleil ou se fondra dans un parfum de fleur,
sans que jamais peintre ou poëte puisse le ressaisir.
C'est qu'il faut laisser à chaque pays son caractère, à
chaque climat sa poésie, à chaque homme sa pensée ;
chercher dans la peinture et la poésie septentrionales
la rêverie de l'ombre et du brouillard, et dans les peintures et les poëmes meridionaux l'amour et la vie du
soleil ; lire Hoffman, Gœthe et Shakspeare le soir ; lire
Virgile, Horace et Tibulle en plein jour, car on est toujours sûr, en ouvrant un poëte grec ou latin, que le vers
va chanter au soleil, à moins que le poëte, comme
Ovide, n'ait écrit loin de sa patrie, dans un pays que
l'exil faisait triste et sous un ciel que le regret faisait
sombre.

Quant à Albert Durer, il avait donc, comme nous
l'avons dit, outre l'influence mélancolique des objets
extérieurs, l'influence de sa propre tristesse. C'est par

la douleur, souvent, qu'on arrive à la foi. Il n'y a donc rien d'étonnant, le peintre étant malheureux, que ses types soient chrétiens, ces types vivant du reflet de sa pensée.

Si la vanité pouvait remplacer l'âme, si le peintre avait pu, comme l'aigle du Nord, effacer son cœur sous un blason, nul n'eût été plus heureux que lui ; car, comme Rubens et Titien, il avait auprès de lui un prince qui le comprenait.

Frédéric III avait donné à l'Autriche cette devise :

ΑΕΤΟΥ

Ce qui veut dire : *Austriæ est imperare orbi universo*. (Il appartient à l'Autriche de commander au monde entier.) Après quoi, il s'était empressé de mourir et avait laissé à d'autres le soin de réaliser cette prophétie, sachant fort bien que, lui régnant, elle ne se réaliserait jamais. Maximilien était donc devenu empereur d'Allemagne.

Or, c'était à la fois un homme de guerre et un homme d'art que le nouvel empereur, qui, en 1493, avait soutenu, comme un simple chevalier, dans un tournoi, l'honneur de l'Allemagne ; qui, plus tard, avait, comme saint Louis, rêvé une croisade, et s'était dit illuminé de Dieu, et dont le règne enfin touche à

Louis XI, à Léon X, à Luther, ces trois grands réformateurs.

Il avait épousé, jeune encore, la fille de Charles le Téméraire, alliance qui avait été arrêtée entre Frédéric III et le duc de Bourgogne dans une entrevue qu'ils avaient eue à Trèves. A peine entré dans la famille, l'époux eut à continuer la lutte du père contre Louis XI, qui avait envahi l'héritage de la jeune fille, et, quoiqu'il n'eût encore que dix-huit ans, il força le roi de France à rendre le Quesnoi, Bouchain et Cambrai, et à accepter, le 17 septembre 1477, une trêve que, comme toutes les trêves qu'on faisait avec lui, Louis XI rompit aussitôt. Maximilien recommença donc les hostilités, gagna la bataille de Guinegatte; puis, ne voulant pas prodiguer ses forces, il attendit que le roi mourût; car déjà, depuis quelque temps, le faucheur royal, tout en faisant renouveler son sang affaibli, inclinait de plus en plus, vers la tombe dont il avait si grand'peur. Cependant Dieu en décida autrement, et, à la place du vieillard mourant, ce fut la belle et heureuse jeune femme qu'il rappela à lui ; et Marie, la fille de Charles, mourut laissant deux enfants : Marguerite et Philippe.

Les états de Flandre firent proposer la main de Marguerite pour le dauphin de France. Elle fut acceptée; ce qui n'empêcha pas qu'à la mort du roi, l'archiduc, après avoir apaisé les troubles de Flandre, ne se préparât encore à tourner ses armes contre la France. Ce fut à ce moment qu'il fut élu roi des Romains, et que, pour remercier Frédéric III, à qui il devait cette élection, il lui donna à Bruges des fêtes si brillantes, que les murmures des Flamands recommencèrent, mais si forts et si violents cette fois, que, si le nouveau roi ne fût promptement entré chez un apothicaire, il eût été massacré par la populace. Enfin, après une renonciation au gouvernement de Flandre, renonciation qu'il fit à haute voix devant la foule, avec serment d'y être fidèle, il ne fut plus inquiété, et, en 1489, le 22 juillet, fut signé, entre Charles VIII et la Flandre, un traité par lequel la Flandre se soumettait.

Maximilien s'était remarié avec Anne, fille du duc de Bretagne; mais Charles VIII lui enleva cette princesse. Le mariage n'ayant pas été confirmé, il lui renvoya Marguerite d'Autriche, à laquelle, dauphin encore, on se le rappelle, il avait été fiancé. L'empereur se ligua, pour venger cette insulte, avec les rois d'Angleterre et d'Aragon. Mais l'un, Henri VII, après avoir mis le siége devant Boulogne, fit alliance avec Charles VIII, et l'autre abandonna Maximilien pour le Roussillon et la Cerdagne, que le roi lui céda. Quant aux Suisses, à qui l'empereur avait demandé des hommes; quant à la diète, à qui il avait demandé de l'argent, il ne reçut rien des premiers et presque rien de la se-

conde, si bien que, abandonné de tous, il fut forcé de
capituler ; mais, sachant que Charles VIII, qui voulait
aller en Italie, se débarrassait de ses ennemis voisins à
tout prix, il ne consentit à cesser les hostilités qu'en rentrant dans la possession des provinces qui avaient été l'a-
panage de sa fille, c'est-à-dire les comtés de Bourgogne,
d'Artois, de Charolais, et de la seigneurie de Noyers.

C'est alors que son père mourut, le 19 août 1493.
Comme on le voit, le passé ne réalisait guère la devise ;
restait l'avenir.

La première action de Maximilien, après la mort de
Frédéric III, fut l'expulsion des Turcs, qui avaient
porté le ravage jusqu'à Laybach et dans la Styrie.
Après quoi, il se rendit à Inspruck et épousa, mais cette
fois sérieusement, le 16 mars 1494, Blanche-Marie, qui
lui apporta en dot quatre cent quarante mille écus d'or.

Cette Blanche-Marie était la fille de Galéas-Marie
Sforza, fils lui-même de Blanche Visconti et de François Sforza, lequel était fils naturel de l'aventurier
Sforza Attendolo, le premier de cette race qui joua un
si grand rôle en Italie pendant le xve et le xvie siècle.
Comme on le voit, la nouvelle impératrice était d'une
famille récente, dont l'élévation était due à un bâ-
tard. Et si, d'un côté, cette alliance donnait à Maximilien une influence dans les affaires d'Italie, de l'autre,
elle lui faisait perdre un soutien dans les seigneurs al-

lemands, qui, dans le cas où Blanche eût eu des enfants, ne les eussent jamais regardés comme héritiers légitimes de la couronne de leur père.

Roderic Borgia, qui n'avait que cinq enfants, ce qui était un progrès sur son prédécesseur, qui en avait huit, avait été élu pape en 1492, et, à l'époque où nous en sommes, c'est-à-dire en 1494, Charles VIII s'avançait vers l'Italie, où l'avait appelé Louis Sforza, l'oncle de Blanche-Marie et de Jean-Galéas, dont il était, en outre, le tuteur, et qui se mourait à Pavie, par abus de voluptés, disent les uns, par un poison lent et mortel, disent les autres.

Or, ce poison lent et mortel, c'était son oncle qui le lui avait fait prendre. Maximilien, inquiété par cette invasion du roi de France, s'allia secrètement avec le pape, le duc de Milan, le roi d'Aragon, les républiques de Venise et de Florence, descendit en Italie sous prétexte de se faire sacrer à Rome, fit donner, en 1496, l'investiture du duché de Milan à Louis Sforza, promit neuf mille hommes à ses alliés et ne put en donner que trois mille, grâce auxquels cependant Charles VIII perdit le royaume de Naples ; et, sachant que le roi marchait de nouveau contre l'Italie, il traversa les Alpes ; mais, à la nouvelle que l'expédition était retardée, il mit le siége — ne voulant pas être venu pour rien — devant Livourne, où, mal secondé par ses

alliés, il n'eut aucun succès, et revint enfin dans ses
États, où l'attendaient de nouvelles contestations avec la
France.

C'est à cette époque que la réputation d'Albert Durer
commençait à se faire, et arriva jusqu'à Maximilien.
Nous avons dit que c'était un homme de guerre que
l'empereur, et nous l'avons prouvé. Nous avons dit
aussi que c'était un homme d'art, et c'est chose facile
à reconnaître.

Il fit demander Albert Durer pour lui confier l'exécution de grands ouvrages, se prit d'une grande estime
et d'une grande amitié pour le peintre, et fit pour lui
tout ce qu'un prince peut faire pour un grand homme ;
il le fit noble et lui donna pour armes trois écussons
d'argent, deux en chef, un en pointe sur champ d'azur.

La première œuvre d'Albert Durer, orfévre, avait
été cette fameuse croix maximilienne, chef-d'œuvre de
délicatesse et de goût, destinée à orner l'église Saint-
Pierre. Dans une hauteur de dix-huit pouces, elle représentait la vie de Jésus-Christ en cinquante-deux sujets
en relief qui offraient plus de douze cents figures.

Il y a, sur un tombeau à Nuremberg, six statuettes
d'Albert Durer ; l'une d'elles représente un moine la
tête inclinée et se voilant entièrement le visage avec
ses deux mains cachées sous sa robe.

On ne voit donc qu'un capuchon s'abaissant sur des

plis. Eh bien, derrière ces plis réguliers et secs, on devine la plus profonde douleur qui puisse s'amasser au cœur de l'homme, et la plus ardente prière qui puisse sortir de l'âme d'un saint. Il n'y a pas dans la création des vierges douloureuses, des martyres sublimes, des christs mourants, dans tous ces types de souffrance terrible et d'agonie chrétienne que la plume et le pinceau ont pris au cœur de l'homme, d'expression de douleur et de recueillement plus simple, plus vraie, plus puissante que celle-là. C'est une de ces émotions de la vie, sculptées en pierre devant lesquelles on s'agenouille, tant elles sont vivantes et palpables.

Albert Durer était donc devenu l'ami de l'empereur, qui, comme plus tard Charles-Quint chez Titien, François Ier chez Benvenuto, venait dans l'atelier du peintre le voir travailler, le traitant d'égal à égal comme un souverain traite un autre souverain. Or, il arriva qu'un jour qu'Albert Durer avait à dessiner sur une muraille trop élevée, et que l'empereur se trouvait là, il fut forcé de monter sur une échelle dont l'équilibre n'était pas sûr, et que Maximilien lui tint l'échelle en disant aux courtisans :

— Vous le voyez, messieurs, le talent d'Albert Durer le place même au-dessus de l'empereur.

C'est que, comme nous l'avons dit à propos de Rubens, les rois et les princes de cette époque ne cher-

chaient pas à se faire grands par eux seuls ; c'est qu'ils
comprenaient que, si la protection tombe des souverains
aux artistes, la gloire monte souvent des artistes aux
souverains ; que l'échange même n'est pas toujours
égal, que les rois donnent quelquefois moins qu'ils ne
reçoivent ; que, dans leurs rapports familiers avec les
grands hommes de leur royaume, il y avait peut-être
autant d'égoïsme que d'admiration, et qu'enfin il n'en
n'est que plus beau pour un pays, tout en agrandissant
son territoire avec ses conquêtes, d'élargir sa pensée
avec ses œuvres.

La réputation d'Albert Durer se répandait donc en
Europe et arrivait même jusque dans l'Italie, qui, à la
rigueur, eût pu n'avoir d'écho que pour ses propres
grands hommes. Raphaël avait admiré chez le peintre
allemand la pureté chrétienne qui présidait à toutes
ses compositions, et un échange d'amitié avait été fait
entre ces deux hommes. Raphaël, comme on le sait,
était aussi l'ami de Marc-Antoine, et montrait à celui-ci
les gravures que lui envoyait Albert, et dont il était si
grand admirateur. Ce fut une révélation pour Marc-
Antoine, qui, depuis longtemps, travaillait à la gravure, et qui, à l'aide de cet admirable talent d'imitation
qu'il avait, se mit à contrefaire les gravures d'Albert
Durer, et à les vendre comme des originaux. Mais il y
avait une chose que le peintre ne pardonnait pas, c'é-

tait toute atteinte portée à son talent et à son indivi-
dualité. Il partit donc de Nuremberg et vint demander
à Venise justice des contrefaçons de Marc-Antoine, et
s'adressa au Sénat pour qu'à l'avenir cela ne se renou-
velât pas.

C'est, du reste, une belle chose que cet homme fier
de sa réputation, qui ne veut accepter devant ses contemporains qui le voient et devant la postérité qui le
jugera, que la responsabilité de ses propres œuvres ;
qui veut être lui toujours et rien que lui, avec tous ses
défauts, avec toutes ses qualités, et qui, conquérant ou
novateur, entend garder ce qu'il a conquis ou décou-
vert.

Albert Durer montra donc au sénat de Venise le privilége que l'empereur lui avait accordé pour qu'il ne
fût permis à personne d'imiter ses ouvrages, et demander que le Sénat le lui confirmât. Puis il alla à Bologne afin d'avoir un prétexte pour ne pas revenir tout
de suite à Nuremberg, où il allait retrouver sa femme,
et où, une fois de retour, il resta jusqu'en 1520, époque à laquelle il commença dans les Pays-Bas le voyage
qu'il a écrit lui-même.

Sandrart prétend qu'il entreprit ce voyage pour se
soustraire à ses chagrins domestiques, qui devenaient
tous les jours de plus en plus affreux, à cause de l'avarice de sa femme, qui le faisait travailler jour et nuit

pour avoir de l'argent : *Noclu diuque ad studium lucri*,
comme dit l'historien. Mais, dans la relation écrite par
ce peintre lui-même, et qui semble confirmer, du
reste, cette avarice par le compte exact qu'il tient des
dépenses, il dit avoir emmené sa femme avec lui. C'est
même la premiere chose dont il parle ; car voici comme
il s'exprime :

« Moi, Albert Durer, au jour de la Pentecôte, je suis
parti avec ma femme de Nuremberg pour les Pays-Bas.
Nous nous sommes arrêtés, le jour de notre départ, à
Bacendorf, ou j'ai dépensé trois florins. Ensuite nous
sommes arrivés le vendredi suivant à Porcheim, et, là,
j'ai donné pour le voyage vingt-deux florins. De là,
nous allâmes à Bamberg, où je fis cadeau à l'archevêque d'un tableau de *Marie ;* et, pour un florin, monnaie de cuivre, il m'invita comme convive, me donna
un passe-port, trois lettres de recommandation, et me
délivra de l'auberge, où j'avais dépensé un florin. »

Comme on le voit, la dépense semble la grande
préoccupation du voyageur, au point qu'il entre dans
les détails les plus minutieux, comme ceux-ci, par
exemple :

« Nous arrivâmes à Schweinfurth, où je donnai dix
sous pour un poulet et treize sous pour les gâteaux et
le garçon. »

Cependant, un peu plus loin, ce journal devient

plus intéressant quand il parle de la réception qu'on lui fit à Antorff :

« Nous nous acheminâmes vers Antorff. J'arrivai dans l'auberge de Jobst Planestjelh, et, le même soir, l'ambassadeur, nommé Bernard Stecher, nous donna un dîner splendide ; mais ma femme dîna à l'auberge et je *donnai au conducteur trois florins d'or* pour nous avoir conduits trois personnes.

» Le dimanche suivant, qui était le jour de la Saint-Ossval, les peintres m'invitèrent dans leur chambre avec ma femme et ma servante, et firent servir, dans des coupes d'argent et autre vaisselle précieuse, un manger délicieux. Toutes leurs femmes étaient aussi là, et, quand je fus conduit à la table, des deux côtés le peuple était rangé comme si l'on eût conduit un grand seigneur. Il y avait aussi parmi les peintres des personnes de haut rang qui s'inclinaient devant moi de la façon la plus humble, en me disant qu'ils faisaient tout leur possible pour m'être agréables. Quand je fus assis, le conseiller d'Antorff, Ralhspoth, arriva avec deux domestiques qui me firent cadeau de quatre pots de vin de la part du conseiller en me disant qu'on voulait me rendre honneur et en m'assurant de la bonne volonté de leur maître pour moi. Alors je leur dis grands mercis et j'offris à mon tour mes services. Maître Peter, le menuisier de la ville, arriva et me fit cadeau de deux cruches de vin, en m'offrant ses très-humbles offices. Nous restâmes réunis très-tard dans la nuit, et l'on me reconduisit chez moi avec des torches, chacun m'assurant de son désir de m'être agréable et me priant de faire de lui ce que je voudrais. Je les remerciai et me couchai. Je suis allé à Anvers, dans la maison de Quintin Metzys, où j'ai mangé un dîner splendide. Une autre fois, j'ai dîné avec l'ambassadeur de Portugal, que j'ai contrefait avec du charbon, etc., etc.

» Ma femme m'a conduit dans l'atelier des peintres, dans la maison de correction ; ils ont bâti là un arc de triomphe pour y amener le roi Charles. Cet ouvrage est long de quatre cents arcades et chaque arcade a quarante semelles : sur les deux côtes de la rue, on avait élevé deux estrades. Le tout, fort beau, coûta, y compris les peintres et les menuisiers, quatre mille florins : j'ai dîné avec le Portugais... etc., etc.

» Sebalot Fischer m'a acheté à Antorff seize petites *Passion* pour quatre florins, ensuite trente aux grands livres pour huit florins, et puis six gravures de *Passion* pour trois florins et vingt demi-feuilles de toute sorte pour un florin. J'ai vendu ensuite, pour cinq florins, une autre petite gravure et un quart de feuille de dessin ; ensuite j'ai changé à mon hôte un tableau de *Sainte Marie* pour *deux bouteilles de vin du Rhin.* J'ai fait le portrait de Felz, le ministre, etc. ; j'ai fait pour les peintres une composition avec moitié couleur ; ensuite j'ai pris un florin pour ma nourriture. J'ai fait cadeau de quatre petits morceaux à maître Wolfgang ; j'ai donné un florin à maître Joachim, parce qu'il *m'a prété son domestique et sa couleur*, et j'ai fait cadeau de trois monnaies à son domestique. »

On voit, par ce que nous avons cité de ce journal, que l'homme économe domine l'artiste ; peut-être derrière ces comptes que nous lisons avec indifférence et dont on pourrait blâmer celui qui les tenait, y avait-il la crainte, s'ils étaient inexacts ou si les dépenses étaient trop fortes, de provoquer encore quelques-unes de ces querelles intérieures auxquelles le peintre était en butte à chaque instant, et qu'il a supportées avec tant de résignation jusqu'au jour où cette pauvre âme si belle et si poétique a succombé et est retournée à Dieu rendre ses derniers comptes de travail, de gloire et de douleur.

Du reste, ce voyage dans les Pays-Bas est un triomphe continuel : partout les artistes l'accueillent comme un maître passant en revue ses élèves, partout les seigneurs le traitent comme un prince visitant ses États. C'est qu'à cette époque il était vraiment grand et qu'on pouvait le juger de toute sa hauteur et sous toutes ses faces. Il avait déjà produit plus que qui que ce fût, et cependant, comme on le sait, il n'avait commencé qu'à trente ans et par une œuvre pieuse, par le portrait de

sa mère, qu'il plaça en tête de tout ce qu'il devait faire
un jour, à la fois comme une dette et comme une invocation.

A ce tableau avaient rapidement succédé : son propre
portrait, puis le tableau des *Mages*, ceux de *la Vierge
couronnée par les anges*, d'*Adam et Ève*, qui sont à la
galerie Pitti ; le magnifique *Crucifiement de Notre-Seigneur*, où Albert s'est peint lui-même au milieu des
papes, des cardinaux et des empereurs avec cette in-
scription : |*Albertus Durerus, Norimb., faciebat anno
de Virginis partu* 1511 ; *Jésus-Christ portant sa croix ;*
la fameuse *Assomption* qui enrichissait les religieux de
Francfort, grâce au pèlerinage qu'elle y faisait faire ;
les portraits d'empereurs, d'apôtres qui ornaient la
salle du conseil à Nuremberg ; *Saint Philippe, Saint
Jacques* dans la galerie de Florence ; *la Sainte Famille*
et *les Dix mille Martyrs*, une *Nativité*, une *Adoration*,
une *Fuite en Égypte*.

Voilà à peu près pour les tableaux. Puis *les Grâces*,
datées de 1497 ; *le Sauvage,* de 1503 ; *Adam et Ève*, de
1504 ; les *Deux Chevaux*, de 1505 ; *la Passion de Notre-
Seigneur*, de 1507, 1508 et 1512 ; le duc de Saxe ; de
1514 ; Mélanchthon, de 1526, etc.; voilà pour les gravures. Outre cela, il avait encore fait un traité fort savant
sur la géométrie, la perspective et l'architecture.

C'est dans ce voyage des Pays-Bas qu'il fit la connaissance de Lucas de Leyde, qui était son rival et qui devint son ami ; de Lucas, l'artiste merveilleux, qui s'était révélé peintre à neuf ans, et qui s'obstinait à poursuivre son art, sachant qu'un jour il en mourrait. Lucas et Albert se firent cadeau de leur portrait et se quittèrent, l'un pour faire un voyage, l'autre pour revenir mourir de chagrin à Nuremberg.

En effet, à partir de ce moment, l'artiste semble disparaître dans les souffrances de l'homme, sa vie se termine, son martyre s'achève.

Il a accompli sa double mission de travail et de douleur, et, quand il a épuisé ce que le Seigneur lui a donné de forces pour supporter les choses de la terre, il tombe, ainsi que le Christ sur la croix, en offrant au monde toute sa vie laborieuse comme un bienfait, et à Dieu toute sa vie d'artiste comme une prière.

Donc, le 9 avril 1528, on enterra à Nuremberg, dans le cimetière de Saint-Jean, tout ce qui restait d'Albert Durer, mort la veille, et, pour que le visiteur ne foulât pas sans le savoir la tombe de l'artiste, on grava sur le marbre cette inscription.

ME : AL : DU :

Quidquid Alberti Dureri mortale fuit, sub hoc conditur tumulo. Emigravit VIII *idus aprilis M.D.XXVIII.*

Il y avait cinquante-sept ans que, sur le journal de la famille, son père avait écrit ceci :

Anno salutis 1471, hora sexta diei S. Prudentiæ, quæ parasceve erat hebdomadis sanctæ uxor, mea secundum mihi progignebat filium, cujus susceptor erat Antonius Koburger, qui meum Alberti nomen eidem indebat.

LUCA CRANACH

Nous sommes encore dans le xvi° siècle ; seulement,
ce n'est plus au milieu de la cour de François Ier, en
France, ou de la cour de Mantoue, en Italie, que vit
l'homme dont nous allons dire la vie ; c'est à la cour de
l'électeur Frédéric le Sage, à qui Charles-Quint dut
d'être empereur, et c'est à côté de Luther, cette grande
figure qui symbolisa l'époque, que nous allons chercher
l'artiste.

En 1496, il y avait à Eisenach un enfant de douze
ans, fils d'un mineur et du nom de Martin Luther, qui
allait, en chantant des cantiques, demander du pain de
porte en porte. Cinq ans plus tard, ce même enfant,
devenu presque un homme, recevait, à l'université
d'Erfurth, le degré de maître en philosophie. En 1510,
pour les affaires de son ordre, il allait à Rome, où il
voyait ce que les papes ont fait du trône de saint Pierre,

et, en 1512, l'électeur Frédéric faisait de lui son favori ;
en 1516, il commençait à exposer ses dogmes ; en 1517,
il défendait les Augustins contre l'ordre des Dominicains dans la guerre des indulgences. Léon X, de son
trône pontifical, regardait toute cette lutte comme une
lutte de moines, et ne voyait pas dans Luther l'homme qui
devait porter le premier coup au saint-siége. Cependant
il le cita à Rome, et, comme le moine des Augustins
ne répondait pas, il chargea le cardinal Cajetan de lui
faire rétracter sa doctrine ou de s'assurer de sa personne, dont on ferait ce qu'on avait fait de Jean Huss,
des cendres. Luther s'évada, ayant déjà comme disciple
celui qu'il avait eu comme protecteur. Il écrivit au
pape, aux princes, aux nonces, à François Ier, à Charles-
Quint avec un mélange d'humilité et d'orgueil, de souplesse et d'audace. Chaque jour, sa doctrine envahis-
sait le peuple. D'abord il ne promettait que d'être un
grand homme et il devenait un homme dangereux ;
c'est qu'il marchait coupant dans les vieux principes
la foi sans cependant toucher à cette foi, retranchant
les dogmes des hommes sans attaquer la volonté de
Dieu, et disant tout haut : « Dieu est grand et le pape
est impie. »

Alors le pape s'empressa de lancer contre lui une
bulle d'excommunication, et, le 15 juin 1520, Cellius
fit brûler tout ce qu'il put rassembler des œuvres de Lu-

ther, et, le 15 décembre de la même année, Luther brûla publiquement la bulle du saint-père et les décisions émanées du saint-siége. A partir de ce moment, la guerre était déclarée entre un moine et le pape, entre le plus humble des serviteurs de Dieu et le plus haut représentant du Christ.

Le 3 décembre 1521 arriva une nouvelle bulle de Léon X, à laquelle Luther répondit de la même façon. Le peuple commença dès lors à perdre cette frayeur religieuse que lui inspirait l'homme à qui Jésus avait donné tout pouvoir, en lui disant : « Liez et déliez. » Alors la grande révolution commença, et la secousse que le moine donna au pape fut si violente, que l'Europe entière en trembla. Puis, une fois l'impulsion donnée, il se rendit à Worms, non pas comme un homme qui lutte, mais comme un homme qui triomphe ; non pas à pied comme un apôtre, mais dans un char comme un vainqueur.

Charles-Quint voulut, comme Léon X, faire rétracter Luther ; mais l'empereur échoua comme le pape. Il ne fit donc que ce qu'il pouvait faire, il lui donna vingt et un jours pour se retirer où il voudrait. Luther se cacha alors au château de Wartburg, chez Frédéric, près d'Eisenach. Il y resta neuf mois, vivant comme un prisonnier royal et continuant d'écrire ; puis, quand Charles-Quint retourna en Espagne, il redevint libre.

C'est à Wartburg qu'il eut avec le diable sa conférence, qui se termina par l'abolition des messes privées ; c'est en sortant de Wartburg que Luca Cranach fit son portrait avec la barbe longue, l'épée, la cuirasse et les éperons. A partir de cette époque, le peintre devint un zélé partisan et un fidèle ami du réformateur et le suivit à Wittemberg, où il fut nommé bourgmestre. Il était de douze ans plus âgé que Luther, son véritable nom était Sunder ; mais on lui avait donné celui de Cranach, la ville où il naquit en 1472.

Luca Cranach était donc devenu avec Mélanchthon le compagnon de Luther, et souvent, quand le repos venait après la lutte, les trois hommes passaient des heures entières à parler de leur avenir. Alors l'apôtre redevenait tout à fait homme, et, jetant les yeux sur sa vie et sur son œuvre, il interrogeait l'artiste.

— Vous êtes bien heureux, vous autres artistes ! disait-il à Luca ; quand vous avez une idée grande et belle, forte et neuve, vous prenez une toile et un pinceau, vous faites vivre votre idée, vous la montrez à la foule, et la foule, qui peut toucher votre œuvre, qui voit par les yeux du corps ce que vous avez voulu lui faire voir, dit : « C'est beau ! » Nous, outre l'œuvre à accomplir, il y a la lutte continuelle avec les grands, avec le peuple ; nous avons des idées fières et nobles, et, pour être compris de la foule, il faut que nous ex posions ces idées avec des expressions triviales, car c'est le peuple qui nous élève, nous. Ce n'est pas à ceux qui nous lisent que nous devons notre nom, c'est à ceux qui nous écoutent; et puis, quand tout ce bruit contemporain est éteint, quand toutes les bouches ont cessé de parler, quand toutes les haines ont cessé de vivre, quand, transformateur et disciples, tout a disparu sous six pieds de terre, vient la postérité implacable qui nous juge, la postérité qui ne voit rien, qui ne sent rien, qui ne comprend pas notre pensée telle que l'inspiration l'a fait surgir, mais telle que la tradition la lui répète, telle que l'a faite la haine ou l'amour des écrivains; et souvent l'œuvre où nous avons versé toute notre âme et toute notre conviction, tout ce que Dieu nous a donné de forces, tout ce que la terre nous offre de bonheur, on la couvre de boue et l'on nous en fait une honte. Que ne suis-je resté comme mon père, un mineur obscur! Car il vaut encore mieux fouiller les entrailles de la terre que le cœur de l'homme. C'est une rude tâche que celle que j'ai entreprise, c'est peut-être une mission, c'est peut-être une folie; j'ai porté le premier coup à une chose sacrée jusqu'ici; j'ai voulu défaire ce que Dieu a fait, et, quand les plus grands fronts du monde s'abaissaient devant le pape, je l'ai souffleté, moi, pauvre moine. Comment cette postérité jugera-t-elle ce que j'ai fait? Comme on me juge déjà sans doute ; on nommera mon action une impiété, et bien heureux encore si l'on ne m'appelle que fou !

— Vous vous trompez, Luther, lui disait Mélanch-thon. Moi, je vous ai suivi partout, je vous ai vu poursuivre la parole du Seigneur ; j'ai vu vos saintes prières et vos saintes extases. Tout ce que vous avez fait est noble et grand ; nous marchons tous les deux dans la même voie, nous sentons tous deux une ré-forme, vous, avec tout l'emportement de la conviction, moi, avec tout le calme de l'espoir. Nous employons différents moyens pour arriver au même but. Mais, moi, je subis en entier votre influence ; il faut votre emportement à mon calme, il faut votre parole à ma pensée, il faut votre lumière dans mon chemin, et, si je marchais sans vous, je n'arriverais pas. Ce ne sont pas les hommes au front baissé, mais ceux à la tête haute ; ce ne sont pas les apôtres timides, mais les mis-sionnaires hardis, que la foule veut suivre, et ce n'est pas en parlant bas qu'on peut se faire entendre. Conti-nuez donc, vous avez trop largement commencé pour vous arrêter là. La moitié de votre œuvre est déjà accom-plie. Vous avez renversé d'un côté, reste à construire de l'autre ; vous avez montré les abus, corrigez-les ; agissez avec votre conviction et votre pensée, ne suivez qu'elles et laissez le monde vous regarder et juger.

Quant à Cranach, il avait, comme nous l'avons dit, suivi le courant; mais c'était dans l'intimité qu'il vivait avec Luther. Les âmes comme celle du réformateur entraînent toujours après elles quelques hommes qui, tout en suivant une autre carrière, passent par leur chemin. Il y a de ces organisations puissantes qui semblent faites d'aimant, et qui attirent vers elles tout ce qu'il y a de grand et de fort dans leur époque, et Luther était une de ces organisations-là. Tout ce qui était grand par la pensée ou par le rang l'écoutait et le suivait, Frédéric autant que Luca Cranach.

C'était à la cour que le peintre avait connu le réformateur. En 1508, Frédéric lui avait accordé des lettres de noblesse, et, depuis ce temps, il n'avait pas quitté la cour; il vit se succéder trois électeurs : Frédéric le Sage, Jean le Constant et Frédéric le Magnanime. Ce fut surtout ce dernier qui l'entoura d'une protection particulière. Quand, après la bataille de Muhlberg, il fut fait prisonnier, sa seule distraction était de faire venir Cranach dans sa prison et de le voir peindre devant lui. C'est sans doute ainsi qu'il exécuta la *Prédication de saint Jean-Baptiste dans le désert*, où Jean-Frédéric se trouve avec Luther au nombre des spectateurs, ainsi que le tableau représentant *la Fontaine de Jouvence*. Dans cette composition, le peintre s'est abandonné à son imagination licencieuse. On y voit

I.   17

un grand nombre de femmes à qui l'eau merveilleuse rend ce qu'elles avaient perdu ; près de là, d'autres femmes sont à table avec des hommes, et, parmi les hommes, il a encore placé l'électeur Frédéric. Luca Cranach vivait donc partageant son temps entre Wittemberg et Weimar, quand il perdit son protecteur, l'électeur Frédéric le Magnanime.

Or, voici ce qui s'était passé dans l'année 1523. Neuf jeunes filles, parmi lesquelles il s'en trouvait une issue de parents nobles et nommée Catherine de Bohre, se sauvèrent du couvent de Nimptsch près de Grimma, et le bruit courut que c'étaient les écrits de Luther qui avaient causé cette fuite. Un matin donc, la jeune Catherine vint trouver le réformateur, lui demandant sa protection auprès de l'électeur, pour qu'il lui fût permis de rester à Wittemberg. Il y avait chez la jeune fille une telle foi dans ce qu'elle avait lu, que l'on comprenait tout de suite que l'exaltation qu'elle avait puisée dans les œuvres pourrait bien plus tard devenir de l'amour pour l'auteur, et, pendant les deux ans qu'elle resta à Wittemberg, elle vint bien souvent écouter la parole qu'elle n'avait pu que lire. Catherine de Bohre était donc la plus fervente luthérienne qu'il y eût dans toute l'Allemagne, quand, le 13 juin 1525, elle changea son nom pour celui de Luther.

Ce mariage renouvela les attaques contre Martin,

qui répondit que l'homme ne pouvait pas plus se passer de femme que de manger ; et, quelques années après, il accorda à Philippe, landgrave de Hesse, d'épouser sa maîtresse, quoique sa femme vécût ; disant comme disait sa Bible : « Si vous ne voulez pas, une autre voudra ; et, si la maîtresse refuse de venir, que sa servante approche. »

Du reste, à cette époque, Luther n'était plus le prédicateur véhément, l'apôtre inspiré. C'était un chef de confédération, qui disposait des forces d'une partie de l'Allemagne. La première diète de Spire, en 1527, avait établi la liberté de conscience ; celle de 1529 avait voulu la restreindre ; il en résulta une protestation de la part de ses partisans, d'où leur est venu le nom de protestants.

Le moment approchait où le réformateur n'aurait lus assez de sa parole pour soutenir sa doctrine et où il serait forcé d'emprunter le pouvoir des armes ; il autorisa alors la ligue de Smalkalde. « Si j'étais le maître de l'empire, écrivait-il, je ferais un même paquet du pape et des cardinaux pour les jeter tous dans la mer Toscane. Ce bain les guérirait. J'y engage ma parole et je donne Jésus-Christ pour caution. »

On commençait à le juger. La violence de son caractère l'emportait trop loin, comme il le disait lui-même. Les zwingliens l'appelaient nouveau pape, nouvel antechrist. Muncer disait : « Il y a deux papes, Luther est le plus dur. » Mélanchthon lui-même, qui n'avait pas assez de force pour arrêter cette violence, disait qu'il avait la colère d'un Achille et les emportements d'un Hercule. Toutes les modifications que Mélanchthon avait insérées dans la confession d'Augsbourg, il les détruisit par les articles qu'il fit recevoir à Smalkalde. Enfin, à partir de ce moment, il commença à marcher dans le mauvais côté de sa vie.

Luca Cranach vivait toujours auprès de lui, voyant avec sang-froid cette lutte qui remuait tout, qui mettait l'Église en feu et l'Europe en sang.

— Vous vous perdez, lui disait-il parfois ; vous avez tout un édifice à construire et votre édifice pèche par sa base. Là, vous prêchez la communauté des biens et des femmes ; tôt au tard, cette loi tombera. Vous voulez prouver une chose que vous dites sainte, et vos partisans répandent le carnage et l'incendie. Croyez-moi, Luther, on ne bâtit pas avec des cendres : toute loi qui tue ne peut être une loi chrétienne. Dieu avait mis sur votre route Mélanchthon comme une digue à votre emportement, et voilà que vous vous éloignez de lui. Vous ressemblez plutôt à un chef de parti qu'à un envoyé de Dieu, et ce n'est pas avec l'épée qu'on prouve.

A quoi Luther répondait :

— Je suis trop violent, c'est vrai ; mais, puisqu'il me

savent ainsi, ils n'ont qu'à ne pas lâcher le chien.

Que répondait le Christ à ceux qui l'insultaient? Rien, et il est mort par eux et en priant pour eux.

Ainsi l'un devait laisser une religion qui emplirait le monde, l'autre tenter une réforme qui soulèverait un peuple.

Luther mourut au milieu de sa sanglante mission, le 18 février 1546.

Outre les tableaux que nous avons nommés, on connaît encore de Luca Cranach : deux portraits de Frédéric et de Jean électeur de Saxe ; de Christian II, roi de Danemark ; de Martin Luther ; une grande composition représentant *Adam et Ève nus*, et la *Tentation de Jésus dans le désert*.

Voilà tout ce que nous connaissons du peintre comtemporain de Luther, plus son portrait à lui, qu'il envoya à Auguste II, roi de Pologne, et dont celui-ci a fait don à la galerie de Florence.

TABLE

Coulommiers. — Imprimerie de A. MOUSSIN.